The Catalyst Effect

12 Skills and Behaviors to Boost Your Impact and Elevate Team Performance

人点燃人

个人和团队共同卓越的催化效应

[美] 杰瑞 · 图默（Jerry Toomer）
[美] 克雷格 · 考德威尔（Craig Caldwell）
[美] 史蒂夫 · 韦岑科恩（Steve Weitzenkorn）
[美] 切尔西 · 克拉克（Chelsea Clark）
著

聂卉 译

電子工業出版社
Publishing House of Electronics Industry
北京•BEIJING

版权贸易合同登记号　图字：01-2019-2630

图书在版编目（CIP）数据

人点燃人：个人和团队共同卓越的催化效应 /（美）杰瑞·图默 (Jerry Toomer) 等著; 聂卉译 .— 北京：电子工业出版社，2020.4
书名原文 : The Catalyst Effect: 12 skills and behaviors to boost your impact and elevate team performance
ISBN 978-7-121-38445-5

Ⅰ. ①人… Ⅱ. ①杰… ②聂… Ⅲ. ①组织管理学 Ⅳ. ① C936

中国版本图书馆 CIP 数据核字（2020）第 028767 号

策划编辑：张振宇
责任编辑：张振宇
印　　刷：天津嘉恒印务有限公司
装　　订：天津嘉恒印务有限公司
出版发行：电子工业出版社
　　　　　北京市海淀区万寿路 173 信箱　　　邮编：100036
开　　本：700×1000　1/16　　印张：15.75　　字数：270 千字
版　　次：2020 年 4 月第 1 版
印　　次：2020 年 4 月第 1 次印刷
定　　价：68.00 元

凡所购买电子工业出版社图书有缺损问题，请向购买书店调换。若书店售缺，请与本社发行部联系，联系及邮购电话：（010）88254888，88258888。
质量投诉请发邮件至 zlts@phei.com.cn，盗版侵权举报请发邮件至 dbqq@phei.com.cn。
本书咨询联系方式：（010）88254210，influence@phei.com.cn，微信号：yingxianglibook。

以此书献给催化者

——那些领导团队走向卓越的人

推荐语

《人点燃人》提出的“集体信任”和“赋权理念”是真正领导者的必备要素。当一个人选择把个体成功让位于团队发展时，其收效也会非常真实可观。这本书告诉我们应该怎么做。一次极受启发的阅读！

——史蒂芬·柯维，《纽约时代周刊》《华尔街日报》
畅销书《信任的速度》的作者，《明智的信任》合著者

我非常喜欢这本书的理念。它的研究深入，通篇有很多实践建议。《人点燃人》为所有组织中的个人点亮了领导之路。它向我们表明，如果认清这一事实，每个人都可以是领导者，都可以通过引领而变得更加出色。

——安吉拉·达克沃斯，性格实验室创建者与CEO，
克里斯托弗·布朗心理学杰出教授，畅销书作者

当马友友将来自不同文化的音乐大师聚集在一起，创建丝绸之路乐团时，他努力为乐团注入了一种独一无二的声音和凝聚力。我有幸成为乐团的一员，亲身参与呈现了那些超越梦想高度的表演。

《人点燃人》为我们生动呈现了马友友的领导与团队合作原则，

这些原则使他的愿景得以实现。马友友的自然风格极好地代表了本书的理念。在这本书中，我们可以看到这些技能与行为是如何应用到各种组织中，并取得卓越成效的。

——桑迪普·达斯，塔布拉鼓演奏家、作曲家，
马友友丝绸之路乐团成员，格莱美奖获得者

《人点燃人》具有极大的启发性与实用性。各类组织机构日益扁平化，团队协作与领导力在其中可以发挥什么样的作用呢？作者为我们提供了一种新鲜的视角。这本书难得地做到了强有力陈述与切实研究的结合，它为我们提供了一些领导所需的认识与方法，但无须考虑个人的职位头衔。每个人都能从书中受益，我亦如此。

——丹尼尔·平克，《驱动力》《全新销售》作者

随着社会的日益碎片化与区分化，对领导者而言，聚众人、做大事的职责似乎也比以往更为艰巨。《人点燃人》是一本实用教程，它可以帮助所有的领导者促进团队协作，从而提高团队绩效，取得优秀业绩。

——桑比尔·斯坦奇维凯齐，筹资学院院长，
IU 礼来家族慈善学院慈善研究高级讲师

《人点燃人》所培养的能力与服务型领导原则极为契合。无论是处于正式还是非正式的领导职位，都可以通过此书认识并培养一些关键技能，从而提高实效、增强影响。

——帕特·法洛蒂柯，罗伯特·格林利夫
服务型领导力中心 CEO

一些领导者被大家视为奇珍异宝，璀璨的光芒使他们显得卓尔

不群。然而，《人点燃人》的作者杰瑞·图默、克雷格·考德威尔、史蒂夫·韦岑科恩和切尔西·克拉克认为这种看法也许是错误的，或者至少是不全面的。他们指出，一些最有影响力的领导者正是通过提升团队表现才取得成功的，闪光的是整条项链而不是一块宝石。《人点燃人》为我们列出了 12 种催化技能，任何人都能通过培养这些技能来更好地提升领导力，促进团队合作。无论你是领导者，还是团队成员，都能从书中受益良多。

——穆库尔·潘迪亚，沃顿《知识》主编

卓越的领导者和同事都有一些共同特征：他们使身边的人更加优秀。想要在你的团队中打造这些能力，这本书就是操作手册。

——亚当·格兰特，《纽约时报》畅销书《付出与获取》《离经叛道》的作者，《另一种选择》合著者

在对组织机构与合作伙伴的领导以及与同事的合作方面，《人点燃人》提供了许多全新有效的途径与方法。我的儿子正在上大学，即将准备进入职场，我相信这本书对他也会有很大帮助。全书的结构清晰，对各种情境中的领导力建议以及相关智慧的见识，读者都可以一目了然。我强烈推荐这本书。

——布莱恩·佩恩，中央印第安纳社区基金会主席、CEO，印第安纳波利斯文化之旅创始人

在商业、体育当然也包括艺术行业，领导学对于任何团队的成功协力运作来说都至关重要。《人点燃人》为我们阐明了领导学中的重要因素。出色的乐团演出要求每一个团员都要专注于团队目标，明白何时做引领者，何时又需要做追随者，秉持能够激励同事、鼓

舞观众的优秀准则。《人点燃人》对这些重要理念在各环节的应用与实际践行做出了极为深入的阐述。

——盖瑞·金斯特林格，肯尼迪表演艺术中心艺术分支国家交响乐团执行董事

头衔并不重要，重要的是无论身处何种职位，都能对团队和组织产生促进作用。作者巧妙地将商业、体育领域中的真实案例与切实研究相结合，以通俗易懂的方式为我们具体展现了成为催化型领导者的“原因，定义和方法”。

《人点燃人》针对身处不同文化环境中的团队人员和领导者，是一本极有价值的著作。

——朱莉·法索纳-霍尔德，JFH 视野 CEO，陶氏化学前高级副总裁、董事

打造成功团队很少是靠碰运气的，而是需要智慧。这本书就为我们提供了这方面的知识。《人点燃人》强调通过培养团队成员间协作共进的专业能力，进而提升整体团队绩效。催化型的领导能够使整体的力量远大于局部之和。

——赫什·舍夫林，圣克拉拉大学马里奥·贝拉蒂讲座教授

老板和员工间的社会契约关系正在发生变化。在提高员工的参与度方面，《人点燃人》为我们提供了一种有效的参考视角。在团队管理上，要使每个人的领导能力都能得到适时发挥，这样既可以铸造健康活跃的文化环境，同时也会对团队产生推进作用。这本书包含了许多实用理念，可读性很强。

——布莱恩·阿德金斯，丹尼森咨询公司 CEO

作者为我们极好地呈现了团队建设中的一项重要组成部分，他们恰当地套用了“催化”的概念，同时提供了出色的实践应用指南。催化理念与出色领导力的结合能够取得显著成效。这本书对“催化”概念的阐释明晰有力，并且附有很多真实生动的案例。对所有对领导学感兴趣的人来说，这是本必读书。不仅仅是在商业界，我会向所有认识的人推荐这本书。

——瓦西达·赛义迪，制药工业，全球金融领袖

《人点燃人》是我最喜欢的领导学图书，本书内容有趣，引人入胜，洞察深入，理论扎实，同时还非常实用。我迫不及待要在下学期的领导学课程上把这本书作为教材。还没有一本书是针对提升企业内部职员影响力的，《人点燃人》填补了这个空白。无论是作为大学教材，还是新员工的培训材料，或者作为企业高层参考手册，用来引导发现企业内部的潜在“催化剂”，这本书都可谓是金典。

——布拉德利·阿格尔，杨百翰大学万豪商学院
乔治·罗姆尼讲座教授

有些人会使同事如虎添翼，但其具体行为方式在此前既难于评估，也无法习得。催化能力能够使团队更加成功，在对这种能力的认识和培养方面，《人点燃人》迈出了重要一步。

——托马斯·达文波特，巴布森学院杰出教授，MIT 数字经济
计划数字成员，《数据分析竞争法》《人机共生》的作者

序

在迪堡大学上学时，我选修过一门“服务型领导学”的课程。这门课对我的影响极为深远，我从中学习到了一种服务他人式的领导观念。在此之前，我一直以为所有的领导者都是意志坚定、掷地有声，有种毋庸置疑的气势。但上完这门课后，我开始觉得一切都说得通了——真正的领导者是身处聚光灯之外，授权他人行动的人。团队中的任何人都可以对同事或者队友授权，所以最终每个人都负有领导责任。

大学毕业后，我在印第安纳波利斯的礼来公司短期工作过一段时间，之后便开始了在巴特勒大学的教练生涯。在巴特勒大学的 13 年中，每天都有人问我：“是什么让巴特勒如此特别?”答案很简单：“是人。”管理者为员工创造了团结自主的良好工作氛围；院系老师尽心从事教学、引导工作，他们激励学生不仅要思考自己以后做什么，还要考虑能为他人的生活带来的影响。而学生则促使我们时刻寻求最好的方式，能够最大化地激发他们的才智、创造力和志向，也促使我们作为一个更大的集体齐心协力地工作。服务是巴特勒大学的重要组成部分，学校里有很多服务型的领导模范。

2009 年，我们学校莱西商学院的两位教授杰瑞·图默和克雷格·考德威尔在《纽约时报》上看到一篇文章，这篇文章谈的是 NBA 球员肖恩·巴蒂尔，他们想就这篇文章做一些更为深入的探讨。尽管事实上肖恩并不算明星球员，而更倾向被认为是角色球员，但他在场上却有着独特的影响力。这篇文章非常有洞见，它不仅点亮了肖恩作为一名篮球运动员的价值，还为粉丝们提供了一种更好的视角，他们可以对喜欢的球队进行长效决策分析。

会面后，我们对这篇文章以及他们已经着手的研究进行了讨论。根据他们在体育、商业和艺术领域对“巴蒂尔效应”的研究，我逐渐明白了以下三点：首先，很难找到这样的组织，它们把领导力看作集体责任，而不是某些人的任务；其次，很明显，像肖恩·巴蒂尔这样的人是极为特殊的，为了整体利益，无论是什么角色，他们都会欣然接受；最后（好笑的是），在我们自己的巴特勒篮球项目中，我们的团队就拥有这样一组球员。讨论得越多，我就愈加认识到，我们拥有一些真正特别的东西，我们要做的就是要好好利用它。

接下来的几年，我们花费了大量时间思考如何将“催化领导学”以更为传统的方式进行推行。我们谈及了队长的必要性，讨论更多的则是进行清晰角色定位的重要性，这种定位需要符合每个球员的力量特点。和所有其他团队一样，我们始终强调催化者的共有特征——接受角色，尽职工作，团队高于个人。我们一直想以这样的方式培养 15 位球员，却从没想过会拥有 15 位真正的领导者。

克雷格这些年研究的是一些计划修商学专业的运动新星，在听了他的陈述之后（我们让他参与了所有的校园访问，他大概被我折腾得够呛），我们邀请他在 2012—2013 学年下学期为球队做了演讲。像通常一样，在 10 月初，我们就要寻找一些理念，贯彻接下来的整个赛季，我们知道克雷格的讯息会立即产生反响，当他谈到“催化型领袖”这个词时，我们找到了要秉持的东西。第二天，我们为队员定做了 T 恤，T 恤前面是球队独有的斗牛犬标志，后面印了一个词“催化者”。整个赛季我们都会使用这件T恤，它提醒我们，球队属于每个人，同时所有人都要履行职责。

我们对团队的健康发展都负有责任。我非常欣赏克雷格、杰瑞以及共同参与写作的史蒂夫·韦岑科恩、切尔西·克拉克的观点与研究，希望你也喜欢这本书。

布拉德·史蒂文斯（Brad Stevens）

波士顿凯尔特人队主教练

前　言

世界在加速变化，各个阶层的领导者也必须跟上步伐。

企业正在不断适应新的技术现实、劳动力的复杂性和倾向，以及全球市场的压力。为了适应需要，企业也日益扁平化、高效化。这些结构性变革会对企业内部工作关系产生影响。

旋风式变革在持续不断上演，此外，劳动力也在发生巨大变化，领导力和团队合作必须应对这些变革所带来的挑战，团队正在体验着前所未有的多样性、代际增长以及文化差异。团队价值观、宏观战略目标以及具体的团队和个人目标同样面临着这样的挑战。催化型领导力就从这时开始发挥作用。

这本书为我们展示了在高速运转的社会中，特殊的心态和能力如何能够在个人、团队和组织层面取得成功。如何去拓宽视野，强化表现，提升团队影响力。在无正式领导头衔的情况下，团队成员是如何有效发挥领导作用，推动群策群力，提升他人表现，并且最终创造卓越成就的。这就是我们要说的“催化效应”。

> 催化效应是把领导力与团队合作精神融合成为一种充满活力、积极团结的力量。这种力量可以提升团队中每个人的表现，推动整个团队走向成功。

本书提供了一种基于研究基础上的可操作模式。通过对 12 种核心职业能力的培养和应用，强化个体作用，进而可以推进实现团队目标。我们对商业、运动、艺术领域中一些成功专业人士和领导者进行了 80 余组深度采访。这些受访者在催化型领导以及团队合作的应用实践方面为我们提供了许多切实可行的案例。通过具体的内容和行为分析，我们萃取出了构成催化行为的 12 种核心能力。这些案例在整本书中非常重要，它们可以为大家生动呈现出每项能力的作用以及具体的实践应用方式。

产生催化效应的因素

催化效应是把领导力和团队合作精神融合成为一种充满活力、积极团结的力量，这种力量可以提升团队中每个人的能力，推动整个团队走向成功。成为一名催化领导者或者催化型团队成员无关乎正式的头衔，而是与个人和职业信誉密切相关。他们会将团队和目标置于个人利益之上，努力提升身边每个人的能力，以实现宏观目标。同时它也与职业晋升无关，虽然催化者可能是创造更高价值的首要候选人。

> 当拥有了攀登架时，你就可以培养更为广泛的技能，塑造更强的灵活性，同时发展对多种技能的融合能力。

通过采用飞买购物网站（Shopify）的 CEO 托比 · 卢克（Tobi Lütke）所说的“攀登架”方式，而非职业直梯模式（Bryant，2016），催化型领导能力可以在相对更加扁平化的组织中得到最为有效的应用发展。当拥有了攀登架时，你就可以培养更为广泛的技能，塑造更强的灵活性，同时发展对多种技能的融合能力——进而以更为强大的实力，从多方面对他人和团队产生助益。小朋友们在玩攀登架时，你会发现他们常常会相互给予帮助和鼓励。他们会为朋友提供建议。当朋友没抓稳或者失去平衡时，他们会去抓住自己的朋友。体操训练营中也是这样的情况。信任和尊重就是如此建立起来的——这些是打造有效的领导力与催化型团队合作的重要基石。

这 12 项技能就是你的催化攀登架，每一级的攀登都使你在职场、团队以及个人成长中向催化者迈进。各项技能看上去都是明显独立的，但对这些技能的综合应用过程能够产生催化效应，最终体现在个体行为之中。

塑造催化型团队成员和领导者之路由此启程。

目 录

简介： 催化型团队的应用实践

NBA 的休斯顿火箭队从肖恩·巴蒂尔身上发现了催化型团队合作精神。《纽约时报》称巴蒂尔是“无数据的全明星”（Lewis, 2009），这篇文章引发了我们的关注。我们想知道，巴蒂尔是如何从一位高中和大学里的明星球员，到孟菲斯灰熊队默默无闻的小前锋和得分后卫，而最终成为扭转乾坤的球员的。一切开始于他被交易到休斯顿火箭队。在那里，巴蒂尔成了一名催化者。当他上场时，他的队友会发挥得更为出色，他们的性能指标得到改进，巴蒂尔提升了整个团队的竞争力。一切都变得更好了。巴蒂尔是怎么做到的呢？

在本书的采访中，巴蒂尔谈到他的本意并不是为了让他人更出色。他只是竭尽所能留在场上。火箭队的总经理达里尔·莫雷（Daryl Morey）向我们解释，他们的分析师发现和坐在替补席相比，巴蒂尔上场时球队表现得更好。巴蒂尔并没有队里明星球员那样的强大数据，但当他在场时，其他球员和球队的数据更加出色。

> 催化型团队和领导的标志是无私地助力他人，提升团队水平，从而铸造成就。

我们的研究阐释了巴蒂尔成为团队动力和领导者的原因，同时也揭示了是什么能够使像巴蒂尔这样的人在体育、艺术、商业领域以及社会组织中创造了类似的成就。这是一个可以复制的现象，它涉及一系列特殊的职业技术能力，这些能力可以为那些有追求、有职业道德与原则的人习得并付诸实践。催化能力的有效应用，将会提升你在团队和组织中的价值。

多重催化，提升表现

对领导力和催化型团队合作很难做出评估，但巴蒂尔的影响在得分板和队友的数据中得到了呈现。如果看巴蒂尔个人的得分数据，你很难发现什么了不起的成绩。只有对球队进行整体考察，以及分析其他队员的表现时，巴蒂尔的作用才显得突出。催化型团队合作和领导力的标志是无私地助力他人，提升团队水平，从而铸造成就。二者的结合能够使团队和组织臻于卓越，超越有更多巨星球员的球队。

另一种催化现象也同样使作者们感到触动——巴特勒大学男子篮球队的出色表现。布拉德·史蒂文斯（Brad Stevens）教练门下全是潜在的催化型球员。这些球员以团队为重，具有极强的职业道德，对未来抱有积极态度。史蒂文斯塑造了一种球队文化，即把团队放在首位，助攻得分的球员们会得到奖励。按照学院篮球标准来看，这些球员的身高不够，从所有外战表现来看，他们应该早已是那些呼声极高的名校球队的手下败将。然而，凭借催化行动和信心——这些他们可以做到的事情，巴特勒大学男子篮球队屡屡得胜。最终，在 2010 年和 2011 年，巴特勒大学男子篮球队（斗牛犬队）连续两年打入了 NCAA 冠军巡回赛总决赛。

肖恩·巴蒂尔为我们呈现了体育领域中一位催化型领导者对一个团队的影响。而布拉德·史蒂文斯和巴特勒斗牛犬队则表明了当一个团队含有多位催化者时，催化作用对团队绩效的影响则会增强。

为什么管理者比以前更需要催化者

在体育领域，我们从比赛过程中可以看到催化型领导力和团队协作的应用。在商业、艺术领域以及社团组织中就没那么明显了。但他们的确存在，并且已经被我们发现了。

首先从印第安纳波利斯交响乐团说起。我们和管乐团的几位成员进行了交谈。这五个人在各自演奏领域都极富才华，他们是如何走到一起，组成一个乐团的呢？这几位成员在谈话时并没有用到我们的专业术语，他们谈了成员之间的相互促进作用，之所以取得成功是因为他们作为一个整体进行演奏。从麦当劳到丝绸之路乐团，我们在许多公司和团体中见证了同样的现象。这些奉行催化原则与方法的个人及组织有什么特别之处呢？

催化者能够跳出个人角色，行动考虑顾全大局。

有些成员能够推进团队发展，其所思所想都与别人不同。除了做好本职工作之外，他们的目光更为宏大，着眼于组织或团队的全局目标。在体育界，他们像教练一样思考；在商界，他们像经理一样思考；在乐团中，他们关注声音的整体效果，关注每位演奏者打动听众的方式，他们像乐团指挥一样思考。

催化者会跳出个人角色，行动考虑顾全大局。他们会在关键时刻引导身边的人目光保持一致。他们看重团队的表现和发展，而不是个人荣誉。催化者会任劳任怨，在通向成功的道路上披荆斩棘。他们既充满乐观精神，又不缺乏勇气，极具感染力。催化者极少畏惧失败，失败了就迈过去。他们会迅速触地而起，在困境中保持坚韧不拔。他们的榜样力量和决心推动团队向前发展，同时也帮助身边的每一个人变得更加出色。他们就像是一支加速反应的化学制剂，能够激发表现，臻于卓越。

对催化型领导力和团队成员的培养从未如此重要过。各类组织的结构已经扁平化——结构被简化了。人越来越多，但要汇报的管理者越来越少。这几乎曾经是每个传统行业的现实情况，无论是汽车制造业、化工业还是科技领域。这种简化大多发生在中层，督查、管理职位被直接压缩。有时一些重大裁员会导致直接面向管理者的报告增加了 5 倍。管理者不再是团队的领导者，不需要再每天监管业务计划，和每位员工密切配合，以及召开日常工作组会。员工们有了更大的自主权，他们必须肩负起这些任务。为了适应这些新境况，员工必须培养一系列更为广泛的职业技术能力。

美捷步公司（Zappos Incorporation）是一家线上零售商，谢家华（Tony Hsieh）是其创始人，他率先推行“取消汇报”的理念，这种理念正是“全体共治”的体现（Leinbach - Reyhle，2014）。公司围绕具体项目集合成不同的团队，工作以团队的形式展开，工作成果明确、具体。这种形式对几乎组织中的所有人都提出了要求，只要指派的项目或任务有需要，个人必须上前一步，成为领导者。组织高层几乎没有人会全权指挥工作，而是由员工自身带动团队向前发展，完成明确的工作任务。

在全体共治制度下，大部分员工都没有具体的上司。在一些没有实现完全共治的公司内部，仍然存在层级结构，但这些公司认识到了移除层级的价值。没有了上司，公司希望员工们作为个体或团队成员，与组织或团队的战略目标保持一致，积极发挥能动性。

在结构简化、正式领导极为有限的环境下，催化型领导能力就变得十分重要了。因为重心转移到了个体自治上。那些具有领导能力、能够提升和推进个体与团队表现的人影响重大。当他们采用催化型领导方式时，公司将会更加快速高效地向前发展。

无论身处何职，催化型领导力和团队协作能力都可以使你成为领导者。

催化型领导力与团队合作

在自然科学中，催化剂能够加速化学反应。在社会科学中，一位催化者会推进行动，完成目标。通过对两种认知的结合，我们触及了催化型团队和领导力的核心。“催化效应”将领导力与团队合作精神融合为一种充满活力、积极乐观的力量，这种力量可以提升团队中每个人的表现，推动整个团队走向成功。我们的定义体现在自然与社会科学中的转化和发生层面。

领导是把一项事业、一个公司或者一个组织从一个点带到另一个点的人。催化型领导者会加速共同目标的实现进度，其中包括促进提升目标进程中的各项表现。

催化型团队合作和领导力使个人能够在自身职位上创造价值、提升绩效。这不是对权力的僭越，也不是对他人权力的削弱。必须与上司的决定权保持一致性。我们不支持对未经授予的监督权或者管理权的僭越。这样才能避免矛盾争端和功能失衡。

成为催化者：12 种催化能力

这 12 种能力明确了催化型领导者或者团队成员的行为。虽然一些催化者在所有地方都出类拔萃，但通过对小团体的掌控，你仍然可以发挥重要作用。根据在新环境中的最有效应用原则，我们把它们分为 4 项基石：

1. 建立诚信：培养信任、有效沟通，打造实现的信念；
2. 创造凝聚力：协调关系，以任务为导向，推进行动；
3. 激发动力：提升绩效；
4. 增强影响力：臻于卓越，鼓励创新。

内嵌于这 4 项基石之中的，是 12 种催化能力，它们能够提升个人表现，增强团队绩效。

方法技能

建立诚信

- 诚实守信，激发信任

真实生活。展现道德准则与价值观，增进信任。

- 沟通明确

言谈、行文积极主动，传达信息明确简洁；倾听理解。以创意形式传递思想、理念和内容，跨越文化、语言和教育壁垒。

- 积极乐观，鼓舞士气

以势在必得、充满希望的未来前景激励他人，传达一种积极进取的态度。

创造凝聚力

- 沟通情感

认可他人的情绪表达，感同身受做出回应。

- 培养情谊

培养积极和谐的交往关系，建立有益的交流互动。

- 团队目标和组织任务高于个人利益

团队的成功与发展高于个人目标。大公无私，专注总体组织目标，全力以赴，有所作为。

激发动力

- 催人奋进，牢记使命

燃起他人斗志，完成组织目标。

- 更新升级知识技能

不断探索掌握前沿知识与专业技能。对新发展、新理念及其具体应用怀有好奇心。

- 领导与追随

在最佳时机领导团队加速发展，实现目标。当他人的知识技能与团队目标相契合时，做到全力配合或服从对方的领导。对他人的能力表示尊重。

增强影响力

- 臻于卓越

表现出广阔的知识和能力。赞赏他人的出色业绩。

- 引导他人，超越不凡

以身示范，为他人提供建设性建议，支持他们的个人与专业发展。

- 提供创意

为解决问题、实现目标提供价值创意。

基石一：建立诚信

催化者的特征：信任、诚实、可靠

有谁会与无信之人为伍，为他两肋插刀，协同并进呢？

取得同事或者队友的信任，让他们相信你的动机，认为你言而有信，可以携手并肩，这件事到底有多重要？

问题的关键是，和不可信的人能真正做成什么事情呢？设想有一个人，如果你会追随他/她到天涯海角，他/她应该会是你信赖的人，你们可以同心协力，奔赴共同目标。这种人能够激励身边的人。信任是催化效应的润滑剂。当团队中存在充分的信任时，团队的齿轮就会更加平稳迅速地运转。如果所有人都认同信任的润滑剂作用，团队的催化引擎就会保持高效运行。团队成员之间也会相互促进，培养更多的信任和乐观精神，进而加速团队发展。

催化效应的发生有四个条件，首先需要建立信任。信任是最基本的元素，也是催化型领导者的重要特质。领导力研究者、著名作家詹姆斯·库泽斯（James M. Kouzes）和巴里·波斯纳（Barry Z. Posner）认为“……信任是领导力的基础……”（Kouzes & Posner, 2011，p. xvii）。我们可以将之从领导艺术延伸至工作关系领域。以下三章主要探讨从个人能力方面建立信任的途径：

- 诚信行事，激发信任；
- 沟通明确；
- 乐观向上，积极活跃。

我们一共进行了 80 余场采访，跨越商业、体育和艺术领域，几乎每位受访者都表示，信任是产生积极催化效应的基础。

1
诚实守信，激发信任

定　　义：真实生活，彰显道德标准和价值观，从而增强信任。
反向行为：虚伪，不诚实，无法兑现承诺。

不仅仅是在场

巴特勒大学的男子篮球队——巴特勒斗牛犬队曾经作为一匹黑马，在 2010 年（对阵杜克大学）和 2011 年（对阵康涅狄格大学）两次杀出重围，晋级全美大学生篮球联赛（NCAA）的四强。自 1985 年 NCAA 发展至 64 支队伍后，巴特勒大学是其中最小的参赛学校，注册学生只有 4500 名左右。

罗纳德·诺德（Ron Nored）是关键人物——有人甚至会将球队的成功归功于他。在大学篮球界，罗纳德并不出名，但他具有凝聚力。这名球员身高 1 米 83，并不是数据上的实力球员，却最终能扭转乾坤。他很少能得分或者抢下篮板，但有种说法叫“非数据的全明星”（No stats, all star），这种人的存在能使所有人变得更加出色，罗纳德就是这样的球员。

肯特·斯特林（Kent Sterling）是哥伦比亚广播公司运动频道

（CBS Sports）的主持人，在他的一次采访中，罗纳德曾谈及当时球队的约定以及队员间的信任（Sterling，2010）。早上5：30闹钟响起，他会准时起床，6：30和队员一起在辛克尔球馆投入训练。罗纳德很喜欢这座历史悠久的球馆，回想起当时的景象，篮球的弹跳声在新鲜冰冷的空气中回响，十分动听。他和队友们都完美克服了起床的精神挑战，每个球员都斗志昂扬，准备再进步一点点。

> 当结识新朋友时，我们会迅速面临两个问题：
> “我能信任他吗？他值得尊敬吗？”
>
> ——艾米·卡蒂
>
> 《表现力：以最勇姿态应对最大挑战》（2015）

当然，每个球员都会准时到场，准备训练，但罗纳德的热情和影响却格外突出。他总是带头第一个来到球馆，尽量做到和每个队员都聊几句，并且会和教练谈一谈，他是晨间训练的标杆。在这支球员众多的高水平篮球队中，罗纳德充当了黏合剂的角色。正因如此，这支充满年轻人的球队会相互信任，刻苦训练，努力提升个人和团队水平。球队的教练们则是关爱型导师，始终给予队员微笑和鼓励。

通过罗纳德的回忆，诚信的重要元素得以呈现：可靠、承诺、品德高尚以及陪伴。这些因素正说明了为他人作嫁衣的重要性，但这些也只是一个侧面，只能说明一个人比较可靠。而球队所表现出的另一面对诚信来说同样重要，让我们来看一看。

布拉德·史蒂文斯（Brad Stevens）是联赛时期斗牛犬队的总教练。关于为什么罗纳德对球队如此重要（个人访谈，2009.12.14），他和我们分享了自己的看法。虽然也提到了罗纳德的多次助攻、队友的期待以及他压制对方防守的能力，但史蒂文斯对此并没有说太多，相反，他却强调了罗纳德为球队带来了诚实与信任。无论在更衣室、训练场还是在赛场上，罗纳德做每件事都是保持了诚信。所有人都知道罗纳德值得信任，他说会为球队和队友尽力，就一定会说到做到。此外，罗纳德所表现出的一些核心理念，恰恰映射了 20 世纪二十年代的“巴特勒哲学”（The Butler Way），“巴特勒哲学”是由传奇教练托尼·辛克尔（Tony Hinkle）创造的：

1. 谦逊：谦虚使人进步。
2. 激情：摆脱冷淡温吞，臻于卓越。
3. 团结：拒绝分裂，团队第一。
4. 服务：让队友变得更强，勇于牺牲。
5. 感恩：无时无刻不学习。

人们通过观察队友、同事、朋友的行为方式来判断他们是否诚实。

诺德将辛克尔的这五条准则践行于每天的行为生活中，无论是在球场，还是在教室：

- 谦逊。和罗纳德一起上课的同学们从没想过他会是明星球员。他和其他学生一样学习用功，从不要求特殊待遇。
- 臻于出色。他早到晚走，观看比赛录像，把细节做到完美，场上场下都遵守承诺。
- 团队第一。罗纳德的身体语言和加油声都表明他把团队放在首位。如果更衣室发生了冲突，他会从团队利益出发化解问题，而不会偏向某个队友。
- 牺牲自我。无论是防守站位、投球战术，还是课程作业，罗纳德都十分热心于帮助他人。他的表现恰好印证了史蒂文斯教练的话："我们在塑造一种负责、信任、团结的文化，没有特权。"

- 表现出惊人的好奇心。罗纳德专注于研究对手的习惯，喜欢规划进攻和防守战术。

坚守积极的价值观会激发信任，信任会带来信用。坚守价值观是个人品格的标识，特别是在面对高压和挑战，更易妥协或者忽视他人的情况下。如果身边的人知道你奉行并且坚守积极的价值观，他们就会相信你能够依此行事。境遇式伦理或者言行不一很少能得到尊敬。

何谓诚实？何谓信任？它们为什么如此重要？

如何判断一个人是否诚实呢？从影响的角度来看，重要的是别人怎么看你，而不是你觉得自己怎么样。人们通过观察队友、同事和朋友的行为方式来判断他们是否诚实：诚实地描述自己的工作和周围环境；坦率承认判断时的失误；做出的决定以及对日常事务和困难的处理符合道德准则；情感专一。正是通过这些行为，诚实才从无形变得显而易见。诚实的表现直接影响了别人对你的态度。

如何辨别一个人是否值得信任呢？诚实是信任的必要组成部分。但是信任包含很多特征。别人如果发现你言行一致、信守约定，就会信任你。如果你始终信守诺言，行为符合道德标准，信任就会加强。当其他人信任你时，他们知道你会把事情做好，是一名可靠的队友。信任也会创造一种安全感，这种安全感会让人变得坦诚与合作，知道自己的弱点不会被暴露。信任让团队成员感到团队在现实和个体精神层面是一致的。

初次见面，人们可能需要一定的时间对你的诚实、可信度以及整体品质做出评估。通过各种观察，尤其在没有发现明显的撒谎、掩饰真相、欺骗、不道德行为等一系列反面例证时，人们才能得出结论。虽然诚信和团队的价值呈现得较为缓慢，但不道德的行为却能迅速产生负面后果：

- 个人立场和团队奉献精神受到质疑；
- 失去信任；
- 合作与沟通会减少；
- 防御和回避；
- 别人会谨慎多疑，担心背叛。

做事不厚道自然会遭到指责和控诉，也最终会露出马脚。这些抑制性行为会产生消极的影响，团队的精力和焦点也会从实现目标变为自我保护。

诚信带来的影响却相反，它会铸造更强大的自信，更高的可信度，促使团队进行更好的沟通协作，同时也会激励团队为了共同目标而全力以赴，诚信犹如锦上添花。

> 价值观的履行有助于解决问题，摆脱道德困境，培养和发展关系，坚持初衷。

坚持履行个人价值观

巴特勒斗牛犬队能够连续打入 NCAA 冠军赛，并不仅仅因为罗纳德的价值观念和个人技巧，而是得益于整支球队的努力。但罗纳德是一支催化剂，他的推进作用使巴特勒斗牛犬队成功击败了许多高水平球队。这些高水平球队来自规模更大的学校，球队里塞满了一流球员。而巴特勒大学作为一所小学校，体育资源少，斗牛犬队较难吸收到较为优秀的球员。罗纳德继承了巴特勒的价值观念，并且将他的整体大于个体之和的理念贯彻于球队中，这要求球员们必须彼此信任，通力协作。在商业、艺术、慈善机构等行业中，这种方法也同样适用。

价值观：存在的核心

价值观定义存在的本质。价值观决定你怎么样。价值观的履行有助于解决问题，摆脱道德困境，发展和培养关系，并且有助于保持初衷。

除了忠于自我，培养信任外，价值观持续明显的呈现，会使人更易于接近。当别人遇到问题或困难时，更倾向于向你寻求建议。信任能够促进有效信息和专业知识的强力交换。这是催化者能够产生影响，帮助他人提升表现的关键所在。

相关著作把团队信任分为三个方面，它们对知识的创造与分享至关重要：才智（“我相信你知道自己在说什么”）、善意（“我相信你关心我的幸福和目标”）和诚实（“我可以信任你说的话”）（Mayer，Davis，& Schoorman，1995）。

罗布·克罗斯（Rob Cross）是弗吉尼亚大学的教授，他的团队指出，“善意的信任”使人可以“对同事产生强烈质疑，而无须担心其自尊和名誉受损”（Abrams，Cross，Lesser，& Levin，2003）。如果再加上对个人能力的了解（或能力强），相信会使对方有更大的进步。二者的结合为催化者奠定了坚实的基础，将对个人和团队整体表现产生深远影响。

这项观点也引出了一些问题——你的核心价值观呈现在日常交往和工作了吗？它们是否能够显示出你的诚实，从而增强别人对你的信任？你的核心价值观又是什么呢？

明确表现你的价值观

你的核心价值观是什么？明确自己的价值观，让它们成为一种提醒，提醒自己成为理想的人；把它们作为向导，在犹豫不决时做出决定——这反过来有助于忠于自我，保持真诚。像布拉德·史蒂文斯一样，我们相信你的价值观正是诚信内核的体现。通过它们，别人知道对你抱有什么样的期待。

如果你到了一支新的团队或组织，在第一天就应该展示出你的价值观。从缺失中建立信任要比初始时建立更为困难。如果你的确需要挽回形象，那么坚持履行你的价值观。最终如果你被认为是真诚的，负面印象就会被抵消掉。

为信用电池充电

刚刚我们列出了一组行为，这些行为能够向别人证明你是一个言行举止真实可靠的人——这种可靠性有强大的道德支撑，即说出你的信仰，说出你要做什么，并且始终按照说过的去做，这样别人才会信任你。正如飞买的 CEO 卢克（Lütke）一样，一块满格的“信用电池”会为他人注入活力（Bryant，2016）。但如果有以下行为，信用电量就会耗尽：

- 言行不一；

- 违背约定；
- 做出让人怀疑动机的行为；
- 此前提到的所有负面行为。

切记一旦涉嫌自私自利、动机不良，团队精神和信任就会以最快的速度崩塌。

在商业畅销书《信任的速度》中，史蒂芬·柯维（Steven M. R. Covey）讨论了“欺骗性”信任行为的阴险本质（Covey & Merrill, 2008），它们可能比那些负面行为还要恶劣。欺骗行为虽然仿造出了信任的假象，但是它会破坏团队合作，引发猜忌，破坏团队关系。柯维列举了欺骗行为的许多表现。信任行为会坦率直言，欺骗行为则会说谎欺骗。欺骗行为会积极模仿信任行为的思想、情感和举止——惯于含糊其词、阿谀奉承、刻意隐瞒或者伪造假象。如果一个人是值得信赖的，他犯了错会承认，并且尽力弥补。欺骗行为则常常是掩饰错误，将之怪罪于他人。

我们大家偶尔也会失信，也可能会伪造或者背离信任。修补信任的关键是使一切回到正轨，承认我们的失误，使事情发生好转。勇于纠正错误有助于帮你赢得尊重，找回信任。只有通过实实在在的行动，符合道德标准的决策，承认并且纠正错误，进而真正地解决问题，信用电池才能重新充满电量，正常使用。

价值观代表着你的形象。如果违背价值观，个体在自我和他人眼中的形象（品格和地位）都会受损。

诚实与信任

催化作用的发生取决于信任，诚实是信任的基本特性之一。关于信任的研究著作一致认为，相互信赖和了解——相信对方能把事情做好，能够让人勇往直前。握手可以达成约定；对复杂的说明、合约或者谈判来说，只需点头同意就足够了；相互因循守旧的制约变得没那么必要。所有这些都会耗费一定的精力，而个体或者团队之间的高度信任则能够减少这种损耗，损耗减少就会更快达成结果。此外，团队内外的高度信任关系会促使团队运转更为出色，而猜忌、质疑和低信任度则会使团队发展受到影响（Barney & Hansen，1994）。

小事上不注重事实的人，大事中也得不到信任。

——阿尔伯特·爱因斯坦

《阿尔伯特·爱因斯坦：历史与文化透视》（1997）

在《绝佳工作场所：高度信任文化的商业案例》（2016）一书中，有大量例证表明，拥有高度信任环境的公司更能成功地选聘和留住人才。虽然这些都是在组织层面上产生的积极作用，但信任必须始于个人。可以从一个做事诚实可靠的催化者开始。可以从你自己开始！

如果你行为不端，失去信任，可能会受到团队成员的全面质疑。无论是申请远程工作、负责工作项目，还是申请委派重任，或者获取敏感信息权限，都可能有问题。个体对他人的影响力降低，发展机遇也会相应减少。

小　结

调查研究表明，诚信是团队成员的通行证，需要个人尽力去维护经营。如果诚信没有在行为中表现出来，没有让他人看到，个体就很难在团队中产生催化作用。事实上，我们采访的每一个人都强调诚信的概念来自一系列强大、积极的个人价值观。这些价值观体现在个体的一切行为中。从长远来看，如果诚信缺失了，其他的才能也就微不足道了。

赢得别人的信任不是靠发表卓见，而是靠信守微小的个人承诺。如果报告的最后期限是这周末，就按期或者提前完成。当团队需要你去协助其他项目时，虽然不是自己的工作，也要全力以赴。坚守诺言，看重你的团队和队友。

花点时间做些反思：

- 是否能够坚守个人价值观？
- 是否着眼于大局？
- 是否约束自我和野心？
- 是否信守约定？
- 是否有诚信言行？
- 是否会迅速弥补失信行为？

2
沟通明确

定　　义：言谈、行为积极主动，传达信息明确简洁；倾听理解。以创意形式传递思想、理念和内容，跨越文化、语言和教育壁垒。打破沟通障碍，实现目标。

反向行为：沟通少，交流不明确；忽视他人的建议和投入。

跨越障碍　交流沟通

桑迪普·达斯（Sandeep Das）是丝绸之路乐团的成员，世界上最优秀的塔布拉鼓演奏家之一。当马友友请他为乐团作曲时，马友友并没有发现，这个请求比他当初设想时要复杂得多（《人际沟通》，2016）。

1998年，马友友聚集一批世界级的音乐家，组建了一个乐团。这些音乐家有着不同的音乐背景，他们演奏的是自己国家的特色乐器。桑迪普在2000年时加入丝绸之路乐团，当时他生活在印度。在作为音乐家（大提琴演奏家）取得巨大成功之后，马友友热切地想创建一支融合“世界音乐”的乐团。正如他在电影纪录片《陌生人的音乐》中所表达的，他相信这个世界不需要再有一位出色的大提琴演奏家，并且他不确定以后还能做出更多贡献。由此引发了他的乐团组建之路，他要跨越风格、乐器，最重要的是跨越文化，在音乐世界创造一些独一无二的东西。丝绸之路乐团的音乐家并不固定，但这支乐团受到了近 60 位音乐家、作曲家、编曲家、视觉艺术家和说唱艺术家的热情支持，他们大多有着欧亚文化的背景。《陌生人的音乐》讲述了这个乐团的故事，同时也是跨文化音乐力量的明证。

桑迪普曾两次获得格莱美提名。2003 年，他的专辑《雨》（*The Rain*）得到格莱美世界音乐类提名。2009 年，桑迪普与丝绸之路乐团共同录制的专辑《地图以外》（*Off the Map*）提名“最佳跨界古典唱片”。作为一位文化教育家，桑迪普创立了“用音乐创造和谐共适”项目（Harmony and Universality through Music），这个项目集合了一批世界级的音乐家，他们的目标是通过音乐演奏和音乐教学，增强世界的相互理解。

再回来说马友友的请求……

当然，桑迪普完成了马友友邀请他创作的乐曲，但是问题的复杂性在于，桑迪普没有也不会把乐曲写成其他的音乐家可以阅读的乐谱或传统总谱，因为他从来就没有训练过写谱。因此，他采用了口传心授的方式，用语言描述了自己想要创造的音色、强弱节奏，他还描述了在最终聆听感受乐曲的听众那里想要唤起的情感。

> 我知道人们不会记住你说过什么、做过什么，他们只会记住你给他们带来的感受。
>
> ——罗宾·阿摩司·卡恩引用玛雅·安吉罗的话，《说什么并不重要：从玛雅·安吉罗和佩玛·丘卓那里学到的真谛》（《赫芬顿邮报》，2014 年 3 月 25 日）

桑迪普曾经被邀请演奏一首谱曲，当时也遇到了同样的情况。

桑迪普提出了异议，因为他不认识传统乐谱。他提议只需要听一遍曲子，然后就可以把自己的那一部分演奏出来。这段曲子长达 28 分钟！通常我们和一些职业音乐家沟通谱写乐曲尤其是古典音乐时，标准流程并不是这样的。而桑迪普演奏和认识音乐的方式完全不同。乐谱主要涉及演奏什么，而不是如何演奏。实际上这种陌生的交流方式是十分有效的，因为这些音乐家乐于交流沟通，他们非常希望了解桑迪普的设想，去创造出那种让别人欣赏和喜欢的美妙音乐。

丝绸之路乐团的案例凸显了一个理念，沟通可以有很多种不同的方式：口头的、非语言的、视觉化、感知的，也可以借助想象，只要这些方式能够让他人心领神会就可以。

对桑迪普来说，他的主要沟通方式是耳听与口传的结合。丝绸之路乐团成员专心投入地相互倾听，创造出了每次都独一无二的声音和体验。催化式沟通方法的使用帮他们赢得了格莱美音乐奖，迄今为止他们制作了六张专辑以及许多风格多样的单曲，在全世界的每场演出都观众爆满。

有效沟通的基本要素

国际乐团中职业音乐家之间的沟通独具特色。虽然音乐含有共性，但音乐的传递也必须跨越文化障碍。丝绸之路乐团的音乐家采用了一些基本的沟通技巧，我们每个人都能学习培养这些沟通技巧，在日常及有挑战性的情况下进行实践应用。这些技巧是产生催化效应的前提。

成功的沟通需要一个过程，是把一个人头脑里的想法和内容传达给另一个人。在传输形式上既要保证发送者传达的有效性，也要保证接收者能够理解。

我们都通过不同的方式进行沟通——通过我们的语言、动作、面部表情、意象、幽默等其他创造性方式，甚至还通过沉默。沟通方式远不及信息的明确性重要。我们确认沟通是否明确的唯一方式，是看接收者的回馈。只有他们在语言或者行动上进行了确认，我们才能确定他们已经明白了。

误解常常会导致白费力气。声明或者质疑或许还不如各种解释。这就是为什么一定要确认接收者的明白理解，这对催化表现来说十分重要——至少到此为止团队和标志已经确立了。对理解的确认分两步——确认他人已经理解你（通过提问，引发解释和举例），确认你已经理解别人（有时称作积极聆听）。稍后我们会在本章对这两种以及其他一些方法做出检验。

组织和团队可以通过有效沟通来迅速适应挑战性情况，熟练应对挑战，对紧急事件做出有效回应，无论这些挑战性情况是否涉及多种文化、职能部门和利益群体。

在多数组织内部，不同部门的人会有特殊的职业术语——无论是在经济、表演艺术、信息科技、公关、工程、研发，还是竞技领域。但是当涉及跨文化沟通时，这些术语不一定用得上。有些手势在一种文化中十分易懂，但在另一种文化中，可能表达的意思就完全不同。在不同的环境中，同样的词和短语可能会有不同的意义，或者被作别的解释。

我们的一位作者曾经到中国出差，遇到不太会讲英语的人时，对复杂的信息他必须做出解释。他会五种中国方言，但即使有翻译，从对方表示同意的点头、面部表情和言辞中，也不能确定他们是否听懂了。从他们茫然的眼神中，他很快意识到，中国人非常不喜欢提问，如果没明白也不愿表示出来。他们担心在同事面前出错、出丑，即使真的没明白，有时也会暗示已经明白了。他发现如果问

“清楚了吗”或者“你明白了吗”大多数情况下对方会点头同意，这几乎无法确认对方是否已经真正领会意思了。他的解决办法是寻找一些样本。样本的准确性能够显示他是否被理解。当样本出错时，他可以测定自己在哪些地方被误解，以及如何被误解的。之后，在维护对方自尊的前提下，自己就可以提高表达的清晰度，同时再增加一些其他样本。在对后续样本进行提问时，只有当对方抓住了核心意思时，才能确定信息的有效传达。他的成功有赖于信息交换的可靠，以及对理解的确认方式与本土文化相适应。

在交谈中，对方或许会一直说不要做什么——比如“别再像之前那样做”或者“不要再出错了”呢。除了产生消极意义之外，这些话对于要做什么完全沟通无效。比如，如果你告诉一个孩子“不要把牛奶弄洒了”，他/她就可能担心把事情弄糟。如果你告诉孩子“把胳膊肘从桌上拿下来”，你就提供了一个不会弄洒牛奶的建议。这就是积极行为引导，它给定了行为的精确度和前进方向，促使团队和组织能够整齐划一地行动。

有句老话说得好：“行动胜过口号。”什么关于性格、价值观和真实目的的言辞都没有你自己的行动更能促进沟通。我们对榜样的确认不是听他的言辞，而是看他的行动。再没有什么比言行一致更能增强可行度的了。行动，既是沟通方式，又是效益驱动，可以为催化式团队合作锦上添花。

催化式领导和团队成员能够为沟通技能提供坚实基础。

非语言式沟通

身体语言、眼神接触、手势和语气都为我们传达信息。一个放松、开放的姿态（饶有兴致地向前倾，双臂张开）、一种友好的态度使人易于亲近，也鼓励他人可以敞开交流。以舒适的眼光注视对方表示你正专注于对方和他们的讲话。

积极回应式倾听

积极的倾听者会聚精会神地关注别人的讲话内容。他们会力图理解信息的表面和深层含义，并且会记住听到的内容。回应式倾听需要根据对讲话者的理解进行重述——这是确认理解无误的一种方式（“所以，你说的是……”）。像所有技巧一样，倾听技巧会通过练习而不断提升。当别人讲话时，避免思考其他的事情或者自己想说的话。积极回应式倾听让你能够更好地理解别人想要表达的话，并且做出正确的回应——这是催化者在进行日常和复杂对话时的必要技能。

提问无限开放，发人深思

出色的提问能够引发更为深入的思考，有助于发现一些并不显而易见的问题和解决办法。深入的开放式问题能够拓展思维，这类问题经常以“什么”“如何”“为什么”或者“如果”开头：

- 什么是理想解决方案？
- 什么是实现目标的最重要因素？
- 如何验证我们的设想？
- 为什么认为客户的反应会和之前一样？
- 如果我们的竞争对手做了__________，你的选择是什么？
- 如果我们因为__________出现了危机，我们会如何处理？

以下是一些征求信息的引入语：

- 向我解释一下……
- 告诉我关于……
- 讲述一下……
- 告诉我们如何……

这类问题可以打开对话，鼓励讨论如辨明形势、揭示或分析问题、发现机遇、评估风险、寻求解决方案，这些讨论有助于提升催化能力。无论是梳理决策进程，开发创意解决方案，还是寻求意见分歧的原因，这些问题能够把对话提升到更高的创造性水平。

开放思想

提出问题，让对方完整表述自己的看法，切忌中途打断、指指点点。即使不同意对方观点，也要表示出理解与认真考虑的意愿。这种方式表达了对诚实有效对话的渴望以及寻求共识的兴趣，而这可能成为共同解决问题，开展合作互动的基础。

交流目标

了解是建立对话目标的基础。要计划好与对方沟通的切入点与方式。大多数的沟通都是为了直接或巧妙地说服对方。

知道自己想要什么。确定谈话重点以及最想让对方领会的三个方面。观点清晰明确，陈述简洁生动，这样比长话连篇更有说服力。在结束时呼吁付诸行动，促使对方认清沟通的目的和重要性。对接下来的安排做出明确表述。

听众或听众设想

对听众的知识背景、目的和意向的最优评估是开展对话的基础。大多数的沟通都是希望说服对方。要怀着这样的想法，在对对方完全了解的基础上开始进行沟通。这样做的目的是增进对方的理解，创造沟通的平台。

讲故事

与细节和抽象概念相比，形象有力的故事会让人印象更加深刻。在谈话内容中添加形象的说明事例，让沟通更为生动有力。听者也更易于通过事例联想起谈话内容。

反　馈

提供反馈是一项重要的催化能力。最出色可靠的反馈是具体并且具有可行性的。像“干得不错”“做得好”“你能做得更好”以及“这样不太好”之类的话，没有提供具体意见，对方不能真正知道他们哪方面做得好，以及如何改进。定位行为反馈对接受者更有意义。他们的防御性会减少，也会发现这样的反馈对自身更有帮助。具体的行为式反馈应该包含以下信息：

- 具体情况；
- 原计划实现的目标；
- 示范行为/采取的措施；
- 行为影响。

信息价值 VS 信息量

沟通的有效性不是由信息量决定的。尤其在团队和工作集体内部，信息的价值和功效才对沟通起决定作用。在《从执行上谈管理合作》（“Managing Collaboration at the Point of Execution”）一文中，弗吉尼亚大学的教授罗伯·克罗斯（Rob Cross）及其他几位商业领域的同行共同指出，传统的团队策略注重对统一目标的追求。一般情况下，大家都倾向于认为沟通越多越好——但交流信息以及知识的好坏，几乎没有受到任何关注（克罗斯、埃里希、道森、赫尔费里希，2008）。

催化者关注的是决策制定、方向选择、深化合作、推进发展中的要点和核心因素。这样，他们能够打破长期冲突的僵化局面和决策瘫痪——冲突和决策瘫痪会消耗不必要的时间和精力。克罗斯和他的同事指出，产生效力的关键不是讨论次数的多少或者时间长短，而是有成效的、有价值的互动次数——要减少或者缩短那些毫无作用的讨论。

在本章开头的故事中，桑迪普的经历展示了一个团队及其成员力图互相理解，协力共创出色表现时所产生的影响。他们克服障碍，专注于目标和任务。而我们要讲的下一个故事则完全相反，它将告诉我们不听劝解和闭目塞听会造成什么样的悲剧后果。

“挑战者”号的沟通事故

一次沟通事故曾经导致 7 位宇航员遇难。1986 年，“挑战者”号航天飞机的成员全部丧命于此。沟通的失败很少会造成如此灾难性的后果，但它对团队合作和工作效率产生负面影响，并且会经常造成时间、精力和金钱的严重浪费。

工程师们曾经花费数小时劝说管理层，“阻止高温燃烧气体进入舱体内部”（*The Engineer*，2006）的 O 型环因为老化失效会有密封失败的危险，并且如果发射温度低于 53 华氏度，这个问题就会变得严重。1986 年 1 月 28 日，佛罗里达发射中心的气温比标准气温还要低 30 华氏度。这是“挑战者”号的第 10 次太空任务，在发射升空 73 秒时，挑战者号发生爆炸。

跨越沟通障碍

为什么把工程师们的警告当成耳旁风？有很多解释，但其中主要原因是怀疑论、数据冲突并且不完备、自大、“集体审议”以及发射的压力。即使工程师们的警告是种预兆，但他们的担心并没有传达到指挥部。关键决策者被蒙在了鼓里。

从这段插曲中我们能吸取什么教训呢？首先，认识组织内部结构是大大小小许多组织的必修课。催化行动需要先过这一关。每个成员都有责任进行明确沟通，确保充分理解其他成员提供的信息。

闭目塞听会失去提升改进的机会，也使解决方案或更为行之有效的策略付诸东流。像“挑战者”号一样，闭目塞听还会导致灾难的发生，而这样的灾难本可以避免。

克服怀疑和反对意见

首先要诚实守信，这是催化效应的推动力。NASA 的工程师们在理论发射上有极高的技术保证和数据呈现，然而这些还是不够。“此前从未发生过这样的结果，所以现在我们为什么要相信它会发生？”很难避免和对方产生这样的争执，但也不是不可能。关键是通过提出一些归化性的问题，启发诱导对方，让他们更为深入地思考和检讨问题。针对反对意见，补充、引导他们总结认识，并且在必要时做出解释。明确沟通的任务既有赖于发送者，也有赖于接受者。

与人沟通，最重要的是要注意那些非语言的表达。

——彼得·德鲁克（Peter Drucker）

针对冲突和数据缺失

在需要及时下决策时，鲜少有相关信息都完备无缺的情况。几乎总是有些情况我们还不了解，要掌握这些信息，可能时间表上来不及，或者已经迟了——无论是对午餐会面、比赛日程，还是项目的截止日期来说。当双方在数据或数据分析上意见不一致，前进方向变得不明确时，也会出现这样的情况。所以你要做什么呢？在评估风险后，根据目前手中掌握的信息，运筹帷幄，做出最好的决定——要了解风险概率，如果出现错误，则要为可能造成的影响承担责任。催化型领导和团队成员会使问题和情况变得具体明晰。他们会基于团队目标和最大利益原则，提出解决方案或行动策略，打破僵局，向前发展。

对抗自大

自大会抑制催化效应的发挥。它会妨碍团队成员齐心协力寻求解决方案。

自大是对沟通的最大挑战。沃斯·格雷姆（Voss Graham）是交互咨询集团（InnerActive Consulting Group）的CEO。他向我们解释，自大常常根源于“结构需求过高”以及思维方式不灵活。自大的人经常固步自封，不会对他人敞开胸怀，并且容易“忽视新信息和新情况”（格雷姆，2008）。他们不仅对自己的工作感到骄傲——这是自我感觉良好的标志，而且还很傲慢。这种人也可能怀有过度的自信，以此来掩饰对自己能力和知识的不自信。他们表现得好像自己永远是对的，比别人知道得多，或者看上去身边谁也没有他聪明。对沟通者来说，想制服这种自大的个性，需要灵活运用一些技巧。这些技巧可能是互动沟通时应对自大的最有效配方。

破解对方的傲慢自大需要特殊的倾听、提问和反馈技巧。

倾听

一种方法是，在听别人讲话时专注讲话内容，不去在意对方的自大态度、情绪或者身体语言。态度镇定自若，只对实质内容做出确认和回应。回应谈话内容，而不是谈话的方式。

提问

提出一些能够触及实质的问题，这也是促使谈话顺利进行的一种方法。了解对方的思维逻辑，考察对方的论断方式。提出一些确认可靠，但没有被涉及的数据和资料，弄清楚对方对此是否了解。对这些新的数据资料做出评估，并据此阐明对事态的不同看法和原因。这时再询问对方是否会改变他/她的设想或结论。最重要的一点是，不要针锋相对。

这时，你就有机会通过提问引出自己的论断，比如：“某某公司曾经处理过类似的情况，您对他们的情况以及最终有效方案了解多少?”在收到回复后，开始谈“我认为他们的教训对我们有帮助，比如……”“你看到它们的相似之处了吗?”表明并且坚定立场，提供基于事实基础上的全面分析，以此对立场进行巩固。不要迎合对方。

另一种方法，是将相关资料融入目的导向性问题之中，这样有助于对方遵循你的逻辑自然得出结论，而这正是你要的结论。这种策略可以让别人不失颜面地转变立场。同时，本着合作的精神征求对方意见，在对各种选择权衡利弊，深思熟虑之后再做出决策是否会更好。向对方提议，对三个或者更多的选项进行深入考察之后再做决定，这样通常会收到好的效果。

反馈

到了反馈阶段，你对对方的方式和计划已经有了极好的了解。以反馈来保持计划推进可能比较棘手，但你可以肯定对方的谈话内容，提出一些明确的问题，同时礼貌地总结自己的理解，通过这样的方式使反馈富有成效。同时还需要认清对方的目标和宗旨，并予以肯定。对寻求一致立场和共同目标来说，这是一个很好的办法。

战胜群体盲思

20 世纪 70 年代，欧文·贾尼斯（Irving Janis）提出了“群体盲思”（Group think）的概念（贾尼斯，1972）。他主要研究了政治领域中的群体盲思现象。但是，任何组织或团队被召集起来时，就可能出现群体盲思。群体盲思指团队由于群体压力而做出错误决策。这种压力由两种原因造成：一是群体的强大凝聚力，二是领导层对团体意见的一致妥协而非反对。当意见过快达成，设想毋庸置疑，以及封闭思维占据上风时，以上两种原因就会产生不利甚至严重错误的决策。封闭思维会导致无法对决策存疑，因为群体认为不需要再做任何进一步的分析或者努力。

虽然群体盲思的概念要追溯至20世纪70年代，但是正如贾尼斯思想的一个现代版本所指出的，这个概念在今天仍然具有价值。2014年出版的著作《重大决策：政策制定与危机公关中的领导学》（*Crucial Decisions*：*Leadership in Policy Making and Crisis Management*）将贾尼斯的理念应用到了商业领域。

最新关于群体盲思的研究又增添了以下几个特征：

- 意见卫士。他们是群体内部成员，会积极倡导群体集中意见，忽略那些会引发质疑可行性的信息；
- 群体内部的表面一致性。因为不同的看法和异议会遭到压制和阻挠，有时甚至会遭受斥责；
- 无懈可击、过度自大的群体认识幻象；
- 道德幻象。群体成员“失去了个人道德标准”，允许“群体道德”“剥夺任何个体的是非观念”；
- 对其他群体的结论和发现的偏见；
- 无法建立应急方案。

打破群体一致性是一项极大的挑战，需要进行勇敢、有力而明确的沟通。既要能对抗强大的阻力，也要有说服他人的能力。催化型领导和团队成员是通过坚定、勇敢的沟通来完成这一挑战的：

- 不妄下评判，决策要经深思熟虑；
- 激发讨论，支持不同看法，广开言路；

- 做唱反调的人；
- 对有反对意见的成员循循善诱，让他们推陈出新，畅所欲言，增强参与；
- 选出三种或以上客观评价优于最终决策的意见；
- 寻找和提供一些其他组织的最优实践案例和新型解决方案。

面对反对意见，同时要抵抗顺应传统思维或者群体意见领袖的压力，在这样的情况下进行积极有效的沟通并非易事。必须要有强大的人格力量和勇敢的信念。

小　结

高效互动远比无休止的讨论更为重要。信息传输和实践应用中的开放性、适应性和创新性有助于推进催化效应。这些因素一旦缺失，就会像棘手的猜疑、自大和群体盲思一样，抑制催化效应的发生。丝绸之路乐团对桑迪普·达斯的回应正好呈现出了这种差别。虽然乐团成员们都早已功成名就，也有特定的行为习惯，但他们并没有闭目塞听，而是积极学习、改变沟通方式以配合桑迪普。

在这样一个多样化群体中，为了进行成功有效的合作，他们不得不相互学习和适应。桑迪普用传统的方式创作音乐，当他向大家解释自己无法用乐谱进行沟通时，其他的音乐家欣然接受他采用口传心授的特殊方式。最后，他们创造出了一种对他们来说独一无二的声音，在世界范围内广受赞誉。

当信息情况较为复杂时，为了明晰沟通，保证信息传输的有效、可靠，实现推进作用，需要掌握一套综合技能。

花点时间做些反思：

- 自己讲话是否诚实可靠？
- 别人讲话时自己是否保持眼神接触？
- 是否确认双方彼此理解？
- 沟通是否明晰简洁？
- 是否听说平衡，问话有力，提出转移讲话的高质量问题？
- 是否搜寻举例？
- 是否躲避棘手谈话或者避谈负面信息？
- 是否为寻求最佳决策而广纳异议？
- 是否沟通有条不紊，了解谈话或会议目的，熟知对方的多种动机和沟通技巧？
- 是否言行一致，彰显品格？

3
乐观激励法

定　　义：以势在必得、充满希望的未来前景激励他人，传达一种积极进取的态度。

反向行为：以消极悲观情绪损耗他人士气；抱怨满腹、说人闲话（常在他人背后）。

乐观精神助力团队成功

在印第安纳波利斯附近的麦当劳餐厅，团队和成员的行为呈现出了乐观的强大力量。一位最近刚入职的员工称："麦当劳提供了其他任何地方都不会有的机会。麦当劳希望我们能够成功，并且让我们知道，他们相信我们可以成功。这让我们无论是作为个体，还是作为团队成员，都变得更加出色。"

对麦当劳的许多员工来说，差不多是第一次有人对他们充满信心，相信他们不管曾经做过什么工作，都可以成为未来理想中的人。麦当劳的招聘信息很明确，如果你想要成为成功团队的一员，愿意为了团队发展竭尽所能，希望你成为我们的一员——我们会帮助你不断超越和成长。

麦当劳知道，不是所有人都能在上岗第一天就娴熟一切，他们先为员工分配一些新手任务，这样在更为复杂的工作培训之前，每个人都能体会到成功的滋味。他们的目的是打造“职位王牌”，这样可以建立个人自信心，提升团队表现。

乐观激励法也需要这样一个过程。在这样绩效优秀的店铺中，乐观根植于文化和日常工作中。它是一支助推器，并且具有感染性。当遇到学习新工作，可以好好表现的机会时，乐观就会燃起斗志。有过类似成功经历的其他员工会强化这种斗志。他们互相给予最好的期待和鼓励，彼此激励，协同互助，共创佳绩。这是良好团队合作的实质。

我们问这家麦当劳店的员工，谁最有能量——可以激发员工的士气？每个人都说：“是安琪!”他们一致认为安琪满腔热情地为整个团队加油鼓劲！她用积极的话语和笑容回应每一个人，这让每天变得不同了，工作起来也不一样了。员工的乐观精神提升了顾客满意度和员工积极性，这家店因此也成为麦当劳最佳店铺之一。

在快餐行业，速度和精准是关键。试想一下你进到一家快餐店，看一眼收银处的排队或者来往的汽车多少，就能知道要等多久。为了不让店里手忙脚乱，速度和精准的关键是员工的效率和有效配合的能力。

员工之间的乐观精神有助于团队的成功——他们有信心必要时在 1 小时内供应 300 份快餐——刚入职时大部分员工都认为这不可能。当他们亲身体验，参与其中时，他们发现是可以做到的。

乐观精神是如何助力团队表现的？在麦当劳的员工中，无论是老同事之间还是在对待新员工上，有一种对错误的包容态度和为他人铸造成功的精神。他们相互激发动力，“积极进取”不只是一句口号，它是员工的一种广泛实践，与此相伴的还有微笑、积极的态度，以及助力他人成长的承诺。这是对团队和组织有巨大影响的一种品质。

乐观精神的作用

乐观精神如何影响表现呢？大量的研究已经表明，乐观精神可以产生决心、创造性的思维和务实精神。英特尔的共同创始人罗伯特·诺伊斯（Robert Noyce）曾经说过，乐观是创新不可获缺的一部分，没有乐观，我们又如何能够挑战常态，如何跳出安逸环境，大胆冒险呢？

宾夕法尼亚大学的玛格丽特·格林伯格（Margaret H. Greenberg）与荒川达奈（Dana Arakawa）共同做了一项研究，通过考察领导者的乐观精神对信息技术人员的影响，她们发现“积极领导与员工的投入和表现是有相关性的”，并且指出了“工作环境中乐观精神的重要性”。（Greenberg & Arakawa，2006）这项研究表明，领导的积极态度与员工的乐观精神之间存在着显著的正相关。

乐观精神会提升表现，即使在不利情况下。

乐观是企业家和商业成功的重要因素。创立公司的动力之一就是乐观精神，相信自己有能力做一桩有利可图的生意，也有能力动员别人完成任务，先从一个想法、一部分资金开始，然后逐渐发展壮大。2013 年，大声法律（LegalZoom）为考夫曼基金会（Ewing Marion Kauffman Foundation）做的一项调查发现：“90% 的企业家都相信他们的生意在下一年会有更多盈利。”（Campbell，2014）然而大部分企业家都不对下一年的经济提升有所期待——经济增长不像是自己的生意，他们无法控制经济。在那 90% 对企业前景有信心的企业家中，

49%的人非常自信。

乐观精神会提升表现，即使是在不利情况下——无论是经济惨淡、竞争激烈、还是宣传不力。乐观精神能够激发动力——刺激促进——可以强力扭转局面，重振士气。乐观精神和志在必得的信念，帮助微软、凯悦酒店、露华浓以及通用电气等许多全球最成功的公司摆脱了困境。即使自2007—2008年度始，全球经济一直处于衰退状态，但仍然出现了一些极为成功的新公司，诸如连锁餐厅扣肉汉堡（Smash Burger），社交媒体品趣志（Pinsterest）和照片墙（Instagram）以及线上零售商美捷步（Zappos）。乐观精神可以帮企业在经济困难时期突出重围。

乐观精神能够激发动力——刺激促进——可以强力扭转局面，重振士气。

在体育领域，团队领导者与成员志在必得的乐观精神使许多球队从垫底一跃成为顶级球队。2013年的奥本老虎队（Auburn Tigers，大学橄榄球队）、2001年的新英格兰爱国者队（New England Patriots，职业橄榄球队）、2005年菲尼克斯太阳队（Phoenix Suns，职业篮球队）、1991年亚特兰大勇士队（Atlanta Braves，职业棒球队）、2007年波士顿凯尔特人队（职业篮球队），以及2016年芝加哥小熊队（Chicago Cubs，职业棒球队）都是此类情况的出色案例。

乐观精神的实践

在诺曼·文森特·皮尔（Norman Vincent Peale）的著作《积极思考的力量》中，“积极思考的力量”广为人知（Peale，2003）。“乐观激励法”是对这种理念的拓展延伸。皮尔主要关注自我与内化层面。

作为“催化效应”的一个方面，“乐观激励法”关注的则是外化与可视行为层面，主要以影响个人与团队表现的方式，对个人和团队的行动能力表示出信心。

“乐观激励法”传达了一种“锐意进取”（*can-do*）的精神。我们都遇到过与之截然相反的人——“消极唱衰”（*can't do*）的拥护者。他们会很快列出一堆原因，认为一些事情不可能做到，或者认为努力尝试完全是浪费时间和精力。如果否定者占了上风，大家就永远不可能做成事；让盲人重见基本影像的“仿生眼”阿格斯二号永远也不会被开发出来；你的口袋里也不会装着智能手机。所有这些，以及更多的事情都实现了，是因为乐观主义者相信它们的可能性——许多满怀热血和动力的事业由此开端，把可能变成了现实。

“乐观激励法”的核心是一种强大的共同信念，大家相信一个团队或组织无论现实状况是“差”，还是“中”，都能够跃升至优秀行列，他们用特有的成功法则重新审视塑造自己。正如麦当劳的员工一样，我们在其他组织中也看到了这种现象。

以漫威漫画公司（Marvel Comics）为例。许多经典的漫画故事都有一个最黑暗的时刻：故事发展到此刻，一切似乎都失去了。英雄被踩在脚下，城市惨遭蹂躏，坏人的杀戮将尽。对漫威来说，这个故事是非常真实的：20 世纪 90 年代中期，漫威正身处破产和失败的边缘。

20 世纪 80 年代至 90 年代早期，漫威和漫画工业的发展状况看起来极为健康。但当时一位极其成功的漫画书作者尼尔·盖曼（Neil Gaiman）却指出，“漫画书市场是一场经济泡沫——人们被怂恿大量购买收藏不同的作品版本，寄希望有一天这些收藏会身价暴涨，能赚一大笔。”盖曼预言这场泡沫即将破裂。他把这场经济泡沫与 18 世纪的郁金香热相提并论。当时郁金香球茎的价格一度暴涨至供不应求，但之后随着需求市场崩溃，价格陡然跌落。

但正如漫画英雄卡马拉·克汗（Kamala Khan）一样，在经历九死一生后，漫威作为一家公司，拥有着乐观的精神和自我拯救的能力。

长话短说，漫威的风险投资小组对公司改组有明确的认识，并且已经规划了改组方案。他们做的最大胆的决定是要涉足电影工业。阿维·阿拉德（Avi Arad）与伊萨克·帕尔穆特（Isaac Perlmutter）签署协议制作电影《X 战警》。其他一些大片包括《蜘蛛侠》《复仇者联盟》以及《银河护卫队》也被相继推出。

领导层为团队注入了必要的乐观精神与奋斗热情，让大家相信他们的计划，他们采取手段得到了漫画资源与融资，最终将愿景变成了现实。

20 年前，漫威还是债台高筑。在最为黑暗的时刻，他们从虎口脱险，突出了重围。正如卡马拉·克汗赋予自身以乐观精神与治愈能力，这支催化者组成的小组重振士气，使事业攀升至了新的高度。

> 真正的领导是由人出发，因人而异，人尽其才，悉用其力。
>
> ——海娜·伊纳姆，《通向真实：7 种激励、适应与领导实践》（2015）

乐观激励法是一种心理投资

为什么乐观精神会产生如此大的作用呢？

一种被组织行为学家称作积极心理资本（PsyCap）的现象能够解释这一切。研究负责人弗雷德·卢森斯博士（Fred Luthans），是组织行为学领域的研究先锋。他和一些同事关于这个主题写了大量的文章。积极心理资本的核心主要由四个方面构成（Luthans, Youssef, & Avolio, 2007）。这四个方面是可以习得的，它们对行为表现都可以产生积极作用。这四个方面包括：

- 自我效能（相信自己有能力应对挑战性任务，实现预期目标）；
- 希望；
- 现实的乐观精神；
- 心理韧性（成功适应不利状况，并能从挫折与失败中恢复的能力）。

这四个方面同时也是"乐观激励法"的重要因素。这几个方面的结合可以提升个人与团队的表现，这一点在卢森斯等人发表在《人力资源发展季刊》（*Human Resources Development Quarterly*, Avey, Reichard, Luthans, & Mhatre, 2011; Luthans, Avey, Avolio, & Peterson, 2010）的一些研究文章中已经得到呈现。这些以及其他一些研究，包括我们自己的研究，都表明了那些以乐观精神鼓舞士气，进行心理投资的团队与个人：

- 表现更出色——并且能够维持出色状态；
- 能激励他人（实质上，即他们能够产生催化效应）；
- 更加热爱自己的工作；
- 更高的组织承诺度；
- 寻求多重方案，应对挑战，解决问题；
- 保持积极向上，锐意进取的精神面貌；
- 积极走出挫折，恢复状态；
- 支持并灵活适应组织变革。

（Avey, Luthans, & Wernsing, 2008）

乐观激励法如何对组织产生作用

催化实践	心理资本受益	潜在组织影响
· 学习成功模式 · 表示出担当 · 让他人怀有责任感 · 熟悉任务与目标导向性材料 · 发挥自身优势，并使他人人尽其才 · 加油充电 · 适当冒险	自我效能/自信	强化影响/维持表现
· 定义成功 · 预见、专注并实现可能 · 即使身处困境，也要散播乐观 · 挑战否定者，集中精力实现可能 · 与团队一道，制订可实现的个人目标 · 志存高远，规划清晰的成功路径 · 预见阻碍并制订应对计划，包括各种可能应急预案 · 迎接未知挑战，循序渐进以保持正轨	希望	
· 相信个人与团队能力 · 培养和鼓励积极期望 · 培养/发扬信任文化 · 为别人加油，相信他们能够应对自如 · 鼓励倡导“锐意进取”的态度——齐心合力 · 能够铸造不凡成就 · 积极向上，避免消沉	切实的乐观精神	
· 面对挑战，保持思维灵活流畅 · 庆祝进步，重视付出和结果 · 培养铸造成功与对抗挫折的能力 · 找到通向成功的各种路径，明确相关障碍 · 变挫折为机遇，寻求更好的方法 · 集中精力、行动实现目标 · 保持激情与目标导向 · 遇到阻碍或头脑发热时，寻求帮助与指导，寻找新视角和最优实践模式 · 让过程变得有趣	心理韧性	

对领导者来说，最大的问题是如何践行“心理资本”和“乐观激励法”的理念。在上页图表中，我们列出了具体的践行方式，同时也呈现了这些行为与心理资本、团队表现之间的良性作用关系。图表左边列举的是有促进作用的行为，中间一列呈现的是这些行为对个体心理资本产生的良好作用，右边一列指的是团队组织在大体上受到的影响。

悲观的影响

如果乐观精神有推进作用，那么悲观或者消极情绪会造成什么样的危害呢？在《情绪管理：悲观对团队表现的影响》一文中，澳大利亚商业指导大卫·盖斯特（David Guest）指出了悲观会带来的负面影响。悲观会：

- 减少团队成员间的合作；
- 削弱队伍统一性；
- 滋生人际矛盾；
- 阻碍团队发展前进；
- 使团队士气消沉；
- 腐蚀团队职业精神。

盖斯特（2017）强调，“尽管有愤怒情绪，或者存在矛盾”，仍然可以营造培养一种积极有效的组织文化。

培养积极有效的组织文化，关键是要有一套谨慎的策略，要清楚情绪和态度会影响一个人的表现。改变了大家的精神面貌，你就可以改变文化——不管你是经理、团队领导，还是团队成员。结果可以有多种呈现方式。对 NBA 球员肖恩·巴蒂尔来说，证据显示在记分牌和队友们的数据上。在商业界，结果可能会及时体现在市场、品质提升、跨部门合作，以及员工的参与度和忠诚度上。在各种效力与效率措施上，也可能会有所呈现。

麦当劳的员工是如何使用乐观激励法的

讨论“乐观激励法”时，我们首先讲述了麦当劳优秀员工的故事。“乐观激励法”渗入了麦当劳的文化和员工内心之中。麦当劳的入职培训首先就是要灌输一种锐意进取的精神。正如一位员工所说：“他们希望我们成功，并且让我们知道，他们认为我们能够成功。”（个人访谈，2016 年 9 月 28 日）。这种积极期望贯彻于领导实践中，也体现于员工对团队及个人之间的信赖。

催化者从心智两方面推动和促进发展。

自我效能和自信心的培养，有赖于积极行为示范作用和锐意进取精神的贯彻。首先是使初期工作与个人能力相匹配，通过初步成就建立自信心——他们称之为打造“职位王牌”（个人访谈，2018 年 9 月 16 日）。经理、领班和同级员工使任务和工作效益得到强化。结果是员工的自信心不断增强、内化，曾经的新员工变成了后来者的工作模范和指导老师——就这样不断循环。

当员工在团队或者自身看到新的可能时，就会产生希望。作为繁荣企业的一分子，他们会开始设想未来的发展道路，在已有成功的基础上寻求一些前所未有的可能。制定目标、绘制新的愿景可以鼓舞人心，能使员工们和衷共济，畅想未来，臻于卓越。

对快餐行业来说，当事情不如预期或者没有正常运转时，就需要具备心理适应能力。设备可能出现故障，送餐可能延迟，突发事故可能影响到员工和工作流程，通常的闲暇时间可能会突然变得忙碌——这些都要求员工能够迅速、有效、有力地应对。对突发事件的准备和训练能够培养适应能力和有效行动的心态。每个人的思考和行动要灵活，可能会需要衔接一些其他的工作任务。

对于一个企业、组织或者团队而言，无论规模大小，当个人和团体由一种积极乐观的精神引领向上时，就已经打好了成功的基础。从麦当劳餐厅到漫威漫画公司，再到体育团队以及其他很多组织中，我们都能看到这种情况。

小　结

在工作环境中，催化者能够有效推动思想的自由交流，从而促进团队加速发展，提升表现，探索解决方案。他们会鼓励别人把想法积极应用于实践行动之中，为别人加油鼓劲。他们会为这些创意和方法营造一种积极乐观、热情向上的运行环境。

在下一章，我们将讨论情感交流的重要性。乐观激励法既要求搭建一座积极的情感桥梁，也需要一种明确的智识精神，能够进行有力、有效的理念探索和方案开发。催化者致力于从心智两方面推动和促进发展。

花点时间做些反思：

- 是否发扬乐观精神，即使身处困境？
- 是否为别人加油，相信他们可以恰当应对偶然情况？
- 是否激励团队锐意进取——齐心合力能够创造不凡成就？
- 是否实现四项心理效能：自信、希望、乐观、韧性？
- 是否挑战否定者？让否定者专注于可能。“办不到”的心态只会造成停步不前。

- 是否提出鼓励性建议，促使他人提升表现，坚定信心，铸造成就？
- 是否依照每个人的现有能力分配最合适的任务？实现最优分配，打造新的业务先锋，创造初步成就？
- 是否传播乐观哲学，让乐观成为一种每位员工都积极拥护的企业文化？

基石二：创造凝聚力

卓越的团队表现需要凝聚力

团队在团结一心时表现最为出色。凝聚力比分散的力量要更为强大。催化者能够增强团队凝聚力，有利于抵制分裂。他们使团队成员凝聚在一起，为了共同事业团结一心。

共同目标是凝聚力的基础。

凝聚力指团队成员聚集在一起，携手奔赴共同目标（Molnau，2017）。当个人把团队目标置于个人利益之上时，真正的凝聚力才凸显出来。正如琳达·希尔（Linda Hill）和肯特·林贝克（Kent Lineback）在《哈佛商业评论》中所说："清晰有力的目标是一种黏合剂，能够将一群人聚集在一起。在此基础上，一个真正属于团队的集合名词'我们'才能得以确立。"（2011）共同目标是凝聚力的基础。

具有极强凝聚力的团队专注于解决问题，实现目标，推进发展。团队成员会相互尊重，鼎力支持团队的决策和方案。要勇于承担责任，团队中的所有人以及整个团队都看重这一点。凝聚力有助于提升士气，增进交流，营造协调一致的团队氛围，坚守忠诚，同时也会增强成员在团队决策制定过程中的参与度（Daft & Marcic，2009）。

团队的目的是什么？如何使团队具有凝聚力？

在日常生活运转和各式各样的工作中，都存在着团队。所有团队的共同特点是它们都有一个自身存在的目标。体育团队的存在是为了赢得比赛，成为冠军。商业团队的存在是为了实现目标，完成组织任务。在政府部门，团队的存在是为了服务社会大众。在教育行业，团队的存在是为了推进教育。沟通服务团队是为了改善当地环境。艺术团队的存在是为了娱乐和启蒙。团队的目标是为了比单个个体更为有效地完成一项任务。

催化者增强了各衔接角色之间的凝聚力，促使大家协同一心，为共同目标而奋斗。多面手和高精尖的创造性结合能够使团队取得更大的成功，表现更为出色。团结推动进步。

接受我们采访的吉姆·肖恩（Jim Thorne）是一位资深的人力资源主管和顾问。他发现“催化者有相对较低的个人需求和较高的奉献热情”。（个人访谈，2015 年 1 月 21 日）。吉姆的观点极富洞察性，催化者的付出常常是为了团队的更大利益以及培养凝聚力。

在团队动力学和群体凝聚力方面，社会科学家们已经投入了大量的研究。正如群体荣誉感一样，吸引群体和群体成员的是一种奉献精神（Hogg，1992）。群体凝聚力源于一种深层的“我们意识”。在工作实践中，当群体成员携手并肩，致力于完成共同任务，实现集体目标时，就会产生凝聚力。群体凝聚力是这种密切团结关系的呈现。

培养信誉　创造凝聚力

催化效应的第二项基石是“创造凝聚力”，它是第一项基石“建立诚信”的自然发展。如果没有信誉，就几乎不可能培养团队凝聚力。凝聚力的培养过程需要有领导力与影响力。人们会追随那些值得信赖的人——大家从他们身上看到了信誉、乐观心态与合理的动机。构建团队或群体凝聚力需要有强大的人际关系。培养这些关系需要依靠第二项基石中的三种能力：

- 沟通情感；
- 培养情谊；
- 团队目标和组织任务高于个人利益。

4
交流情感

定　　义：认可他人的情绪表达，感同身受作出回应。

反向行为：疏离他人，无视或指责他人情感，待人冷漠。

感同身受

当知道公司将要被收购的消息时，我们并没有感到震惊。我们知道总部已经考虑了好多年要从农业生意中撤资。但当事情真的发生时，还是引发了一大堆的问题，事关我的事业、未来以及我同事的未来——不知我们是否能够适应新的团队，新的管理团队又是否能够认识到我们的价值。

在新的公司我会得到机会吗？如果有的话，会是什么职务和级别呢？

我之前一直在法国生活和工作，所以这份新职务需要我回家还是继续留在海外？我的先生也有自己的事业，新公司会帮助他找到一份新的工作吗？我的女儿很喜欢她的学校，在新家我们能为她找到好学校吗？

带着很多的疑问和顾虑，我见到了新总公司的 CEO。见面后，还没等我提起，他似乎就已经感觉到了我的担忧，就像他自己曾经也遭遇过类似事情一样。他的态度亲切又让人感到安慰，顿时让我放松下来。他面带笑容，眼神温和，讲话轻松自然，让人眼前一亮。他看上去对我个人非常感兴趣，既真诚又专业。他的态度和周到的问题透露着信任，表现出急切想从我这里了解情况。于我而言，我感受到一种亲切关系，这是在相互尊重和坦诚的基础上建立职业关系的第一步。

他花费很长时间，方方面面回答了我的问题（毋庸置疑，他也对我的能力和经验做了评估）。看上去只要有必要，他会一直费时尽心，会面并不受时间限制，他全力关注我的事情，全然没为其他事分心。他的言语坦率、真诚，没有丝毫做作。他的言谈间透着一丝随意，举止放松自然，一看就是得克萨斯人。这些简单的行为让人觉得值得信赖，我放下了戒备，觉得他能体会我的感受。

让我意想不到的是，他跟我介绍了很多自己的情况，向我坦言了对这次收购的看法——以及收购对大家的影响。他还与我分享了自己的梦想，在两家公司合并之后，新公司将会如何发展。关于他自己，他谈论了很多自己的家庭和个人生活——以及他们会受到的影响。他向我透露了刚好足够的信息，让我明白他信赖我，并且想重新赢得我的信任。很明显在经商过程中，人际关系与家庭对他来说非常重要。

显而易见，他的随性背后隐藏的是睿智——他知道如何管理公司，也会处理好公司合并。我欣赏他的才识，也信任他的能力。我相信他是好意并且能为我安排合理的职位。

他十分坦率地让我知道我会成为新公司的重要一部分。在他眼中，团队和组织排在第一也是最重要的位置。如果他能采取正确的策略，在各职位上都得到合适的人选，商业利益就会紧随而来。他让我感觉受到尊重，我是与他并肩而行的同事，即使他将会是我的老板，并且无论我是男性还是女性（在男性为主的商业环境中）都完全没有差别。我在情感上对他、新公司以及新的工作机会有了亲切感。我答应了要帮他在前进道路上披荆斩棘，共助公司走向辉煌。（个人访谈，2017）

情绪的力量

我们转述的这个故事，是关于一位处在职业岔路口的女性。故事既表明了第一印象的重要性，也指出了兼具情感和智识两方面沟通能力的重要作用。如果无法进行情感交流，尤其当对方处于忧虑、不安或情绪激动等情况下，他/她可能领会不到你想要沟通的要点。在这个故事中，这位 CEO 一直传达有利的信息，让这场调动员工积极性的谈话变得更为容易。如果在不利的情况下，愤怒和不信任等情绪往往会妨碍理解和领会对方意图，最终也会影响工作表现。这些负面情绪对决策制定、团队合作、人际关系、创造力和领导力都会产生溢出效应。情绪对行为举止有着深刻影响。对有效的催化者来说，无论事情进展顺利与否，他们必须能够保持沟通。

移情是指对他人感同身受。

——穆赫辛·哈米德（《纽约客》，2012）

当团队运转顺利，成员们都士气高昂时，对催化者来说，就相对容易与他人进行情感沟通，催人上进。精神病学家、畅销书作者爱德华·哈洛韦尔（Edward Hallowell）曾经解释为什么积极高昂的情绪对激发卓越表现至关重要，同时也指出了对促进绩优表现来说，约定必不可少（Hallowell，2015）。

当对方处于不安或者团队身处困境时，情感沟通会更具有挑战性。在这些情况下，激发情感沟通能力的方法就变得格外重要，其目的是要把负面情绪转化为积极能量。情感沟通能力要求理解三种移情，每一种移情都始于对自身的全面认识。芝加哥大学的让·戴西迪（Jean Decety）对此作出了阐释：

- 认知移情使你感受到他人对世界的看法。认知移情有助于对方接受你的信息。
- 情绪移情指能够正确解读同事或员工的情绪，从而可以了解到他们的个人感受。
- 移情关怀是指能够感受和预感到别人的需求，并对这些需求表示关切。对别人施以援手将会建立更为强大的人际关系。

试想一下，当你情绪高昂时，你想让别人如何与你沟通？反过来考虑，当你情绪低落时，又希望别人如何对待你呢？如何能够将这些经验认识应用于团队的情感沟通之中？

丹尼尔·高曼（Daniel Goleman）主要致力于情商领域的研究，他首先并且最为关注的就是对自身的积极认识。他的研究强调了认知自身情绪，从而有效与他人相处的重要性，这是一个微妙、连续的过程。他的著作成为领导者有效沟通、实现目的的基础读物。认识自身过程的第一步是通过自我意识和自我管理认识自身。高曼指出只有在掌控自身之后，才能够更为准确地体察他人的情绪。

建立情感信任的基础可以是一种想要坦诚分享情绪的强烈愿望，并且往往是在一些脆弱的时刻。这种关系来自你对情绪的理解，以及对事情进展顺利与否和个体所受压力的认识。本章主要鼓励你去寻找对他人移情和提供指导的途径。

面临的三种挑战

以下是催化者所要面临的主要挑战：

1. 如何抑制或者缓解低落情绪；
2. 如何扭转低落情绪；
3. 如何激发和保持高昂的情绪。

如何通过各种不同的情感沟通应对以上这些挑战，下面的内容将会讨论这些问题。

抑制或缓解低落情绪

在所有大大小小、形制各异的团队和组织中，人们不免有时会消极，这样往往是由于个人受到情况影响，或者因为他们认为决定考虑不周，或者因为他们担心别人受到影响等，诸如此类，原因很多。无论何种原因，诸如生气、敌对、愤怒、恐惧、焦虑、孤立、羞愧等消极情绪都让人沮丧气馁。为了避免和减弱这些反应以及它们可能对表现产生的负面影响，催化者往往会：

站出来。预期哪些人会受到影响，与他们面对面谈话，听取他们的想法和意见。如果合适的话，让他们参与到应对挑战，预计和处理影响以及解决问题的行动中来；

保护对方的自尊和自我价值感。让对方知道你是私下事先和他们商讨意见，因为你看重他们和他们为团队所做的事；

表示同情。同情表明一个人知道或者能够站在对方位置，理解对方的感受。最容易也最直接表示同情的方式，就是简简单单让对方知道你相信他的感受。

比如：

“看来你因此非常沮丧。”
“我知道遇到这种事，你感觉有些不安。”
“我能理解你为什么生气。”
“我知道这让你失望了。”

诸如此类的表述易于平息情绪，并且常常会有镇静效果。即使从对方看来，你领会错了他们的情绪，他们要纠正的话，可能会这样说：“我没有心烦，只是有些失望。”带有同情的回应仍然传达了一种情感上的联系。你可以这样简单回答：“我能理解原因，是我也会这样的。我能为你做些什么吗？”

扭转低落情绪

消极情绪转化为积极情绪的第一步，是在消极情绪出现时及时缓和情绪，尤其要表示出同情，维护对方自尊，并且给予确确实实的支持。为了转化情绪，修复或者提升表现：

- 在消极情绪恶化、发展并且波及他人之前，及早调解应对；
- 培养积极情绪。发现和探寻一线希望，进而培养积极心态，正确认识问题，探知可能；
- 提供摆脱困境的阶梯；
- 提出培训和其他发展机会的建议；
- 发现一些积极的行业榜样；

- 探讨个人工作契合度，看他们在其他职位是否会做得更好；
- 保持跟进，对积极的变化和进步进行强化；
- 建议为今后的工作表现确立标准。

一对一谈话策略

- 表示出对消极情绪的关心，语言不含褒贬色彩。为讨论对方在情绪低落时的一些特殊行为表现做好准备。在交谈时，辨析事情发生的环境，对方的言谈和行为，以及对他人和团队造成的影响——可能影响到团队士气，人际纷争，团队发展进程和结果。
- 听取对方的解释和观点，不要打断对方。认可其中的合理之处。避免对谈话内容产生争论，同时也不要使团队或他人的情况成为他/她产生消极情绪的借口。
- 对方做得正确之处，要给予认可与强化。
- 关于摆脱消极情绪的途径和方法，要征求对方的意见。询问对方如何才能展现自身，改善行动。
- 在必要时提供指导。
- 保持自身的积极性和创造性。以与对方共同谋求解决办法，帮助对方摆脱消极情绪为目标。

激发和保持高昂的情绪

催化效应的持久，既要摆脱那些抑制表现的情绪，也要激发和保持那些能够提升表现的情绪。高昂的热情有时会起作用，尤其在大赛前能够振奋运动团队的士气，但这种情况只是一时的。它与积极持续的沟通不同，这种沟通可以培养那些能够长效提升表现的情绪。培养这些情绪的方式更为微妙，需要建立更深层、更有意义的心理关联。

催化型领导者和团队成员致力于鼓舞和激发内在动力。制造这种情感关联的方式各有不同。我们每个人都有需求——为了完成目标、履行职责、参与投入、实现成就、产生影响和增进关系，或者为了被尊重、被欣赏、被认可、被发现价值、成为更优秀团体的一员。催化者会对这些需求进行深入开发。

激发那些能够提升表现的情绪——在本质上保持催化激情：

让团队成员参与其中，这样他们会感到自己为团队发展所用。让大家参与到团队愿景和发展道路的制定中来。时常提醒团队成员，团队的总体目标是什么，为什么这个目标如此重要；

强调良好服务客户的必要性，团队的成功与客户的成功密切相关。分享故事，讲述团队为他人带来的改变，触动人的心弦。展现为团队目标而奋斗的个人激情。宣扬热情，感染他人——潜移默化；

使团队成员对团队予以高度期望，展望团队未来成就和所秉持的根本。让他们参与制定延伸目标——这些目标唯需加倍努力和投入方可实现；

在解决问题和应对挑战时寻求团队成员的帮助。希望团队成员能够努力工作，遵守时间，全身心投入；

在谈话、会议、报告、邮件以及其他书面交流中，对别人付出的努力和取得的成果予以公开认可，并表示赞赏。宣扬其他团队成员的显著贡献和影响；

表现谦虚。当自己得到认可时，表示自己的贡献和作用是整个团队努力的一部分。慷慨传扬他人的贡献；

提及成功对个人的意义和益处——对团队预期目标的实现和达成方式对每个团队成员都将会产生积极影响；

度量式发展，从而维持团队发展动力，保持个人参与积极性。制定时间表，激发员工积极性，使员工坚信自身的能力和未来能够取得的成就。

进取心练习

- 激发锐意进取的态度、众志成城的精神。
- 一起放松欢笑。在放松下来，团队中坦诚、无拘束，私下间开始相互了解时，最能够建立情感联系。
- 与团队和每个团队成员一道，畅想未来种种可能。描绘让人信服的合理图景。
- 激发合作精神。避免高下争论。
- 对团队和个人的成功都要庆祝。认可成就。

这些练习能够培养双方情感的纽带——催化者—工作者。情感的纽带可以打通内在动机，建立认同感和归属感，激发投入，实现超越。情感联系有助于信息的沟通，从而避免信息还没被听到就被拒绝。

情感联系对雇员和客户都很重要。公司会努力和客户与他们的产品保持情感联系；团队领导会努力和雇员保持情感联系。我们在上文中曾经列举过的许多实践方法都是为了建立情感联系。反过来，情感联系又会激发情感驱动，做出积极表现。

史蒂夫·乔布斯（Steve Jobs）在推进苹果产品销售上采用的营销策略就是一个生动的例子。乔布斯使潜在客户先对苹果产品的功能、是否变革电脑体验或者听音乐的方式感兴趣。比如 iPod，他不是简单地卖给你一款可以播放音乐的设备——他提供了一种改变你和音乐关系的方式。再如 Mac 电脑，他也没有简单地卖给你一件产品，一台可以替代你的个人电脑。你或许还记得“1984”，这是苹果公司当时以乔治·奥威尔为主题制作的一则电视广告。你可能觉得一位合理的电脑购买者想要了解的内容，这则广告里完全没有。广告既没提价格、尺寸、特点，也没说运行速度——“电脑”两个字仅仅提到了一次。

这则广告真正包含的是情感。广告信息抓住了当时客户的普遍感受，广告的目的是为了引发个人回应，在产品和顾客之间触发一种情感联系。

催化型领导者以同样的方式与员工建立情感联系。他们与合作伙伴之间建立了一种强大的内在品牌统一性。在员工的眼中，最受欢迎的三家公司是赛富时（Salesforce. com）、西南航空（Southwest Airlines）和阿纳达科石油（Anadarko Petroleum）（Strauss，2016）。这三家公司的员工都有极高的忠诚度和实现成就的奉献精神。

最近的一个例子是印第安纳州的社区医疗系统。这家机构将三个不同的分区——患者体验部、员工体验部（包括人力资源部）、市场营销/公关部——整合为一个部门，就是为了强调对患者和员工都提供积极体验的重要性。其背后的运行理念是为了使机构和员工之间建立一种情感联系，进而可以增强与患者的关系。这样做的目的是提升整体的品牌忠诚度。

小　结

在本章的开头，我们提到了一位处于职业岔路口的受访者，她的老板与她进行了及时的情感交流，这位受访者从中受益良多。或许她的老板本身就是一位考虑周到的沟通者和情感联络者——他理解她的忧虑和担心。但我们并不需要天生具备这种能力。情感交流可以被习得、培养和提升，这样你就既可以缓解那些压抑表现的情绪，又可以增强提升表现的动因。

花点时间做些反思：

- 在与其他团队成员交流时，是否正视自己的情绪，并且知道他们会如何影响你的回应？
- 是否知道对自己和他人的积极预期有助于建立强大的联系？
- 是否正确分享感受？
- 是否认可他人的情绪？
- 是否借助于本章提到的方法技巧来应对那些抑制表现的情绪？
- 对于那些能够提升表现的情绪，是否有所增强？

5
培养情谊

定　　义：建立积极和谐的交往关系，培养有益的交流互动。

反向行为：敌对，制造争端；分裂，诋毁他人；抱团，视他人为对手而非合作者。

麦当劳的团结友爱精神

在第3章“乐观激励法”中，我们向大家介绍了印第安纳波利斯地区的麦当劳员工的特殊品质。团结友爱精神同样也推进了其团队的卓越表现。通过采访和现场观察，我们发现这些员工都致力于服务顾客，确保满意度，齐心协力使店铺取得最大成功。我们看到了他们是如何进行友好互助的——大部分员工看上去都真诚地喜欢店铺里的每一个人。他们适应并且积极推动店铺文化的发展。员工们通过积极有效的互动相互支持，员工间体现出一种互相尊重——即使是在忙得不可开交的午餐时段，纠正别人的错误时，在提升工作速度和效率的培训中。此外，友谊可以促成团队精神的形成。一个具有凝聚力的团体有助于激发成员的出色表现。

团结友爱是团队合作的重要黏合剂。

安德鲁·卡内基（Andrew Carnegie）有句话一直被广泛引用："团队合作是朝着一个共同的愿景协同工作的能力"，是"指导个人努力紧随组织目标的能力，是让普通人达成非凡成就的助推器"。

如何培养团结友爱精神?

团结友爱是团队合作的重要黏合剂。当它具备以下四个核心要素时，就会有助于催化表现（Feehi，Boateng & Mensah，2016）：

- 共同为一个目标奋斗；
- 推动健康的团队文化；
- 团队成员互相尊重；
- 职场友谊。

以上每一项因素对于培养团结友爱精神，创造和保持催化动力都有着重要作用。

共同为一个目标而奋斗

每一个团队的任务都是为实现共同目标而协同工作——无论是体育团队、商业团队、乐队、社区服务团体、机构委员会、项目团队，还是其他有着共同目标的团体。

> 一个组织或者团队的真正文化——它的"价值观、态度和信念"——是通过其实际的共同行为模式展现出来的。
>
> ——泰勒，2013

团队成功的一个关键因素是成员的奉献精神，团队成员众志成城，为了实现共同目标而齐心协力。这种承诺使团队成员为了一个共同的缘由而紧密团结在一起，激发了团结友爱的精神——尤其当每个人都把自身职能看作是团队成功的重要因素时。催化者会努力激发这种动力，其主要方法是将团队目标置于个人目标之上，同时鼓励其他成员依此行事。

健康文化

一个组织或者团队的真正文化——它的“价值观、态度和信念”是通过其实际的共同行为模式展现出来的。真正的文化既不是写在海报上的文字，也不是讲话中的口号。那些只是对理想文化的描述——是组织或者团队想要达成的理想状态，而不是实际情况。

安然公司的例子曾经臭名昭著，这就是一个实际情况与声明截然不同的突出案例。安然标榜的价值观如下：

> 尊重：我们对待他人就像对待自己一样。对侮辱和失礼的行为我们绝不容忍。这里不会有粗鲁、冷漠与傲慢。
>
> 正直：以开放、诚实、真挚的态度对待顾客与潜在客户。说到做到，事先声明不能或者不会做的事，绝不食言。
>
> 沟通：我们有沟通的义务。在这里，我们会花时间与别人交谈……和倾听。我们认为信息就是流通的，信息让人行动。
>
> 卓越：我们会不断提升每个人的基准。在这里，所有人最大的快乐莫过于发现自己可以真正变得优秀。

事实却截然相反。安然公司声名狼藉、缺乏职业道德的行径和欺诈行为，在加利福尼亚州造成了一起人为的能源危机。安然欺骗了他们的客户和投资者。它谎报公司的财务健康状况，使监管部门处于蒙蔽状态，最终导致了公司破产。数千人的生活和工作在这一过程中惨遭破坏。

无论是作为领导还是团队成员，催化者会积极展现和推进正面的价值观、职业态度和信念——同时也让他人参与其中。在积极价值观的推动下，文化动力（完成使命的行为和过程）能够使团队产生凝聚力。作为一种群体力量，文化动力有助于群体认同的形成——群体认同是打造团结友爱精神的重要因素。催化者不仅仅会与一两个人培养友爱情谊，还会让这种情谊在整个团队加速生长——进而成为企业文化的坚实基础和维续动力。

当一个组织中的核心职位竞争变得激烈时，友爱精神可能会经受考验。团队的动力，候选人之间的关系可能会变得更加棘手。但竞争并不一定会造成系统紊乱。我们曾经采访了一位公司的 CEO，他谈到，“保罗和里卡多都知道，他们不会成为团队的高层管理人员，但他们的角色非常重要，他们自身也清楚这一点。我们向他们解释说你们不会成为管理人员，他们对此坦然接受。他们没有管理员工的能力。当卸下这层重压时，他们会凭借自身的技术、知识和经验得到更多的尊重。他们放下了对位高权重身份的欲望，从而成为团队中具有团结凝聚力的影响人物。作为项目领导者和指导者，他们的专业技术和职业发展关系使手下的团队变得更有效率。”（个人访谈，2016）

在《哈佛商业评论》（*Harvard Business Review*）中，迈克尔·曼金斯（Michael Mankins）曾经指出“制胜文化不仅仅是为了营造归属感，更当之无愧的与最终结果息息相关”（Mankins，2013）。曼金斯分析了几家公司的案例，如福特汽车公司通过打造“齐心协力”

的公司文化，“重新定位和激发公司活力”，使“数十年的市场份额下滑的局面”得以逆转；又如“赫布·凯莱赫通过培养员工赋权和成本控制的文化，使西南航空从一家小型区域航空公司发展成为最负盛名也最具盈利能力的航空公司之一。”

曼金斯解释，“文化并不是总能产生良好结果。”原因是很多公司仅仅将文化视为“一种让员工对工作单位感觉良好的方式，而不是助力员工——进而使团队——表现出色的方式”（Mankins, 2013）。二者必须结合起来。

催化者会协力创造和推进一种制胜文化，以此来建立并增进同事间的情谊。

在《哈佛商业评论》中，曼金斯和贝恩公司（Bain & Company）通过对400余位高层管理人员的调查研究，总结出了7项影响绩效的文化属性：

- 诚实正直：在与员工、客户、供应商和其他利益相关者的一切交往中都保持诚信。
- 注重绩效：奖励、提升及其他人才管理措施都以绩效为着眼点。
- 负责与主人翁意识：职能、责任和权力中都应强化工作和结果的所有权。
- 合作：承认最好的想法来自个体及团队之间观点的交流与分享。
- 灵活适应：企业能够在必要时灵活转变，并快速适应外在环境变化。
- 创新：员工不断挑战创意极限。

- 以成功为目标：无论是对抗竞争，或是为了完全达到行业的卓越标准，都有一种以成功目标为导向的雄心。

曼金斯（2013）指出，只有极少数高绩效的企业具备以上所有的文化特质，但大部分企业都至少有三四项比较突出的方面，尤其是那些与企业密切相关的文化属性。同样至关重要的是，这些文化属性会强化那些能够提升绩效的行为，与企业的全局战略部署相一致。

催化者会协力创造和推进一种制胜文化，以此来建立并增强同事间的情谊。他们在行为上做出表率，并积极鼓励他人这样做，将此渗透进他们的一言一行中。一种健康的文化是打造强大的企业身份，培养自豪感、归属感和热情的关键所在，并且由此可以树立以绩效为导向的目标。此外，健康的企业文化也是吸引顶尖人才的极佳方式。

团队成员互相尊重

南加州大学教育心理与技术系教授理查德·克拉克博士（Richard Clark）认为，“……对专业技术的相互信任是在高压环境下能够成功的唯一因素”（Clark，2005）。不管是唯一因素还是关键因素，团队成员间的信任或互相尊重对成功十分重要。阿尔伯特·班杜拉（Albert Bandura）在体育团队领域的大量研究认为，“……在压力巨大的加时赛中，双方实力相当，一个失误就可能导致功亏一篑……（团队）效能感知成为决定加时赛时场上表现的唯一因素”（引自Clark，2015）。

催化者如何能够促使大家相互尊重呢？除了在日常交往中积极

提倡相互尊重以外，克拉克还指出了另外四种措施：

- 帮助团队中实力较弱的成员树立自信，让他们相信自己的努力对团队的成功至关重要；
- 坚定对团队协作能力的共同信心；
- 使团队个体成员都肩负起增强团队绩效的责任；
- 在团队和组织外部激发团队的竞争意识。

相互尊重是加强凝聚力，增进友爱精神的重要因素。当团队必须顶着压力作战时，相互尊重也尤为重要。

一家大型艺术博物馆的营销人员向我们讲述了她的团队成员之间产生的友爱精神，尤其是在截止日期紧逼或者深处危机的情况下。在2015年的采访中，她向我们解释："这是一种三个火枪手的精神，我为人人，人人为我！每一天，团队中的每个人以这种并肩作战的态度投入到工作中去。没有人需要特殊对待。无论项目推动者是谁，每个人紧随其后，及时站好自己的岗位——这个人就是能够带领我们杀出重围的最佳人选。如果需要的话，我们会提前到岗，也会为了团队和队友的利益加班熬夜。没有人需要成为显眼人物。"（个人访谈，2015）

职场友谊

职场友谊常常指在两位或更多的同事间，可以相互信任和倾诉，分享事情，讨论工作相关的问题，私下寻求帮助或指导，共进午餐，或者在工作以外仍有交往。职场友谊超越了个人利益，对个人和组织绩效有着积极作用。

在盖洛普（Gallup. com）Q12 职场敬业度调查中，职场友谊被列属 12 项“最能预测员工和职场表现”的因素之中。75% 拥有良好职场伙伴的人倾向于在未来至少一年继续留在公司（Lee & Ok，2011）。通过比较发现，在那些调查没有职场伙伴的受访者中，只有 51% 的人声称愿意留在公司。

这些调查以及其他一些研究已经相继表明，职场友谊可以提升员工的工作态度和工作行为，进而能够增强团队绩效。更早的研究指出，当职场友谊促使同事间在工作上互相帮助，互相打气时，就可以产生更强的组织绩效。相互之间的沟通障碍更少，这样能够带来更大的生产效能和更高的生产销率（Bandura，1982）。

我们都曾见过当体育团队赢得冠军时，那种情谊的迸发和庆祝的场面。这或许是在实现共同梦想的长期艰苦跋涉之后的一次情感释放。然而对友情效力的真正考验，是在团队艰苦奋斗，处于低谷或者诸事不顺时团队成员的所作所为。在这些时期，团队成员间可能会引发或激化矛盾，导致团队运行紊乱。敌意可以破坏凝聚力。不过，有益的冲突能够产生积极影响。它可以把那些隐性的问题放到明面上，使大家对问题带来的影响或表现上的不足有更明确的认识，并且进一步探讨团队如何能够解决问题，改进提升。有益的冲突还可以促使团队识别和探索全新的角度，开发创新策略。这一切都取决于冲突的性质，以及大家如何对冲突做出回应。当冲突变得私人化，并且极度耗费情感时，就会破坏友爱和团结。当冲突比较中性，完全是围绕如何解决问题，恢复发展或实现目标时，就更有可能增强团队的协作精神和凝聚力。

为友爱而友爱会收效甚微。

催化表现需要依靠友爱精神与其他催化能力的结合。为了使企业取得成功，协同工作必须以目标为导向。为友爱而友爱会收效甚微。罗斯（J. Ross，2005）对20支合作执行团队进行了研究，他发现，只有在团队友谊没有超越团队目标时，这种友谊才会是健康、有益、富有成效的——但团队目标常常受到牺牲。不轻松的谈话会被回避，强烈的意见不受欢迎，不合格的表现会因为关系好而被谅解。

为了使这种以任务为重的友谊产生推动力，需要结合本章开头所列出的四种特性：同心协力，推进健康的团队文化，增进团队成员间的相互尊重，培养以绩效为导向的工作友谊。

小　结

催化型的团队成员会使团队的友谊更加坚固。我们大部分人花在工作上的时间远远大于真正陪伴家人的时间。因此，培养同事情谊，为同事的成功尽一份力会大大增强他们的职业幸福度和成就感，对自己也会有所补益。

弗米切利（Formichelli，2016）为我们讲述了发生在苹果蜂（Applebee）加盟餐厅间的案例。这些加盟餐厅主办了一场“最佳苹果厨师大赛”。餐厅员工们需要为比赛准备一些新菜。每道菜被一一评判，优胜者将会赢得奖项和奖励。虽然这场活动是单人性质的，但整个店铺都会参与进来。比赛前，提交菜单的人与其他没有参赛的员工一道，花费数周的时间进行讨论，集思广益。优胜者可以进入下一轮的餐厅展示阶段。参赛者带着一种自豪感参加比赛。参与其中的还有试吃团队，有餐厅员工积极分享自家喜爱的食谱，比赛过程渗透了一种并肩作战的友爱精神。

一位受访的CEO告诉我们：“在企业用人上，我有许多评价标准，要看谁更受欢迎，谁比较有幽默感，谁可以笼络人心，以及谁

能够激发团队活力!”(个人访谈)

花点时间做些反思:

- 是否对团队所有成员间的关系都予以关注，而非限于自身?
- 是否设身处地为他人着想——培养并表示出同情?
- 是否协助团队确立一种共同的使命感?
- 是否以结果为推动力，平衡团队关系?
- 是否使冲突转化为有效行动，使冲突成为解决问题、激发创意的有效途径?

6
团队目标和组织任务高于个人利益

定　　义： 团队的成功与发展高于个人目标。大公无私，专注于团队整体目标，竭尽所能实现结果。

反向行为： 发展自我，个人利益与绩效先于团队任务。专注自身，不顾及他人和团队。

激发行动

经过很长一段时间考虑后……1980 年春天，美国海关负责人汤米·奥斯汀（Tommy Austin）向亚利桑那州公共安全部官员罗恩·考克丝（Ron Cox）说明了自己的问题。

奥斯汀太太有一位朋友，她的小儿子克里斯（Chris）患了白血病，生命垂危。这位 7 岁的男孩一直梦想成为一名警察……奥斯汀向考克丝询问公共安全部可不可以帮忙。

考克丝将这项请求呈交给了公共安全部发言人阿兰·施密特（Allan Schmidt），施密特又询问了部长拉夫·米尔斯特德（Ralph Milstead），部长委托施密特全力满足小男孩的愿望。

“我们大家都不知道当时自己在做什么。”施密特在 30 年后回忆道。他拉来一些人帮忙：吉姆·伊夫斯警官（Jim Eaves）开来了他的巡逻车，弗兰克·肖恩奎兹（Frank Shankwitz）开来了摩托车，一起等候公共安全部的直升飞机把克里斯送到总部。4月29日，克里斯从斯科茨代尔纪念医院出发……迪克·谢弗中校（Dick Schaefer）送给小男孩一顶斯摩基熊的帽子，还把自己以前的徽章送给了他……克里斯成为亚利桑那州第一位也是唯一的一位公共安全部荣誉警察。

看到这个嚼着泡泡糖，脸上闪耀着光芒的男孩，每个人都想为他做点什么……

考克丝和伊夫斯去“约翰服装店”为克里斯订作了一套制服。肖恩奎兹开着他的电动摩托车，满世界找摩托警察的飞行章。

第二天，当他们回来想把飞行章带给克里斯看时，克里斯已经回到了医院。公共安全部的礼物围绕着他……他们在这么短的时间里为他做了这么多，克里斯含笑离开了人间。

许愿基金会创始人、美国海关退休负责人汤米·奥斯汀说：“克里斯离世时只在这个世上生活了7年零269天。但他让我明白如何做一个男人，即使他自己只是一个小男孩。”（Make - A - Wish ©，http：//wish. org/about - us/out - story/，2017）

汤米·奥斯汀的行为向我们展示了团队高于自我的本质。

他看到了一项特殊的需求，然后满怀热忱、竭尽所能去实现这项需求。他聚集了一些同样慷慨热心的人，一起加入到这项任务中来。他知道能为这个男孩做些什么，并且规划了一条明确的路径去实现这件事。当碰到不曾预见的阻碍时，他带领大家一起进行改变调整，最终使这个非常特别的男孩实现了愿望。

在汤米·奥斯汀想要为克里斯实现愿望时，他还没有想到过创办许愿基金会。但他的热心让其他很多人受到鼓舞，许愿基金会于是得以创办，时至今日仍在不断发展壮大。

在实现克里斯的愿望后，这些参与的人备受鼓舞，他们希望把这样的希望、力量与欢乐带给更多的孩子。就是这样简单的念头，促使他们创立了世界上最大的实现愿望的组织，如今他们已经在近 50 个国家创立了许愿基金会，每 34 分钟就有一个愿望会被实现。

许愿基金会与其他机构结成战略伙伴，以此来拓展任务。许愿基金会与迪斯尼在全球结成伙伴关系，这种奇妙的关系是从弗兰克（Frank）开始，他是第一位正式的迪斯尼心愿儿童。和克里斯一样，他也是一位 7 岁的美国男孩，身患白血病，向往穿制服的大人。弗兰克梦想成为一位消防员，这个愿望被实现了，在众多心愿儿童中，他成为第一位拜访迪斯尼主题公园的小朋友。

毋庸置疑，催化者会把团队和任务放在首位。

团队高于自我的重要性

试想你曾经主动帮助过别人吗？再往深层思考，在帮助别人的过程中，你是否曾经放弃过个人利益？或许是奖金，或许是失去一次个人表现的机会，再或许是在重要项目中，原本应得的功劳有了瑕疵。自愿把团队置于个人之上是一种非常重要的行为，它既能够推进团结合作，同时也是成长为催化型领导者的基础。

在交响乐团中，指挥者可以选择如何与世界级的音乐家合作，促使他们的演奏能够配合默契，合而为一。对于 75 人以上的乐团来说，其任务是在对乐谱的阐释过程中，实现声音、节奏的精准和谐——这样才能使听众享受音乐。这种情况下，长号组在台上不太容易与其他部分进行良好配合，长号的声音太大，会压住弦乐的声音。杰克（Jack）是一位富有经验的美国著名指挥家，至于如何能使长号组以团队任务为重，积极配合演奏，他有两个选择。选项一："长号组的伙伴们，声音降一些，这段乐谱中不是只有长号，我需要大家稍微收一收锐气。"选项二："长号组的朋友们，我常常会担心，交响音乐大厅的音效怎么样，传送的音效是不是优美。这段曲子的演奏我需要大家的配合帮助，大家要注意声音的均衡，这样我们才能达到一种和谐的效果。你们可以保持现在的感觉和强度，只需要稍微降低一点声音。我觉得这样的话，这首乐曲的整体效果将会非常好。"

作为一位经验丰富的指挥家，杰克选择了后者，这种方式动之以情，晓之以理，能使长号组更愿意服从于乐队要求。杰克此前几乎总能如愿，这次亦是如此。整场演奏的声音美妙和谐，听众感受到了作曲家原本想要表达的效果。杰克巧妙地邀请同事们共同完成一项伟大的任务，这项任务是为了创造优美的音乐，因此他们都乐于听从指挥。

在进行下一步讨论之前，我们先回想一项自己曾经做过的无私行动。你是否能说清楚当时为什么会牺牲自己，帮助别人呢？或许是因为一些内心深处的东西，当涉及团队和他人时，它能反映出你的自我认知。你的牺牲可能不像创立许愿基金会如此大规模的非营利机构那样震撼，但那种为团队和他人无私奉献的精神，却着实是一种非常强大的力量。

> 我对一件事深信不疑，就是如果你的思考和行动都是从团队出发的话，个人荣誉也会随之而来。天才赢得比赛，但团队合作和智慧才能赢得冠军。
>
> ——迈克尔·乔丹（引自法瓦尔，2013）

个人VS他者 / 个人与他者

个体会自然而然受个人欲望和需求的强烈驱使，这种欲望和需求是我们的个人利益。个人利益的概念有多强大呢，试想在亚当·斯密的《国富论》中，个人利益是其经济理论的一项基础原理。亚当·斯密对此阐释得很清楚，他认为只有满足以下两种情况，才能实现市场的最佳运转：存在竞争，并且个体在竞争中合理追求个人利益。换句话说，就是个人追求利益最大化不仅极为正常，市场还非常需要合理的个人追求。

在亚当·斯密和其他一些追随他的作者和研究者所采用例证中，都认为人的本性就是追求个人利益。那么催化型领导者如何才能克服这种倾向呢？接下来我们会做出详细阐释。

领导、奉献和更大利益

虽然听起来似乎有违本性，但作为领导者需要有自觉的奉献精神。领导者不仅对自己负责，还对团队负责。他们对生产绩效肩负着更大的责任。领导者必须处理好团队的问题和动力。管理的成功取决于团队业绩或者精准预期。因此，领导者必须将团队和团队任务置于个人利益之上。他们的自由度更小，而不是更大。

催化型团队成员会努力从领导者的角度看问题，他们克服自身岗位中的障碍，尽好个人职责，从而竭尽所能协助团队取得成功。团队成员会做出牺牲，先团队需求，后个人需求。

美国军队以强调团队和任务高于个人而闻名。在美国军队信条中，永远把任务放在第一位，绝不抛下战友的规范深入士兵的信念之中。这些准则（军队准则）具有挑战性，尤其当一个人受伤或者自己的生命遭受危险时。如果知道战友们都拥护、奉行同样的准则，士兵们就会产生一种强大的凝聚力。

高级军士长雅克布·邓巴（Jacob P. E. Dunbar）是美国空军特别行动指挥官，他为我们讲述了为了团队利益和任务，团队成员应当做出的一些个人牺牲。在“克服骄傲，确保团队或组织的整体发展前进”方面，邓巴为我们提供了一些建议。

邓巴的信条

- 即使不情愿，或者觉得有失身份，也要做好该做的事。这件事，虽然你的意愿在说“不要做”，但你必须找到要做的理由。
- 专注团队任务和目标，即使你是在为讨厌的人工作，或者认为他不够格。尽管无法忽视对方的个人缺点，但你的目光要集中于更重要的事。
- 对无礼之人保持专业态度。你首先想的可能是回敬过去，这样会破坏凝聚力和团队任务，并且往往使局面变得更糟。保持前进，因为每一次被琐事牵累，都会失去目标、停滞不前。做出表率，明辨轻重缓急。
- 个人看法让步于团队利益。在工作方式和各种情况的应对策略方面，我们大部分人都有一些根深蒂固的观念。各人所见，可能尽不相同，但这并不意味着大家的想法都是错的。大家更多的还是为团队考虑。即使你认为自己的想法比别人的更好、更有利，但一旦团队已经做出决定，这些想法就不再重要。保持谦逊，恪守尽忠，把具体情况而不是个人感受放在首位。

什么是无私?

我们接下来讨论无私行为及其动机。无私的最佳例证通常发生在某种情况，即需要你放弃自己的一些东西，把它给别人。这种行为还被称为利他主义，一些争议认为永远不可能有真正的利他行为。所有行动中都会有为个人利益的方面。有些人可能争论利他主义的前提，但对我们而言，只要想一下父母的情况就行了。他们会为了让孩子吃饱，自己忍饥挨饿。其他人的需求甚至是生存要求必须有个人牺牲，需要有利他行为。这是一种“世界比你更重要”的观念，它是布拉德·史蒂文斯的信念，也是运动教给孩子们的人生信条。（PCA 发展空间，资源中心）

一些研究者认为，无私行为深植于人类的本性。利博曼（Lieberman，1994）指出，人类之所以独一无二，是因为具有三种能力：

- 认知能力；
- 语言能力；
- 无私行动的能力。

无私行为的动因

在进化生物学研究中，无私或利他行为被认为与达尔文的自然选择学说是完全一致的（Okasha，2013）。一些人可能觉得二者是相悖的，因为减少自身卡路里的行为似乎并不能改善生存概率。但是有意的牺牲行为会有助于身边人的生存，这一点是不争的事实。重视牺牲行为的基因世代相传，牺牲者周围的人也会一代又一代生存下来。

我们来看一下黑猩猩的实验。两只黑猩猩被放在相邻的两间屋子里，它们可以通过屏幕看到彼此。箱子里放了两枚不同颜色的硬币，一枚硬币代表“分享”，另一枚硬币代表“自私”，其中一只黑猩猩要从这两枚硬币中做出选择。选择“分享”的硬币会让两只黑猩猩都收到一串用纸包着的香蕉。选择“自私”的硬币只会奖励做出选择的那只黑猩猩。这项研究把七只雌性成年黑猩猩进行了各种组合，科学家们发现，所有的黑猩猩都明确倾向选择“分享”的硬币。研究人员维多利亚·霍纳（Victoria Horner）是艾莫利大学的比较心理学家，她告诉《生活科学》杂志“对我来说，最重要的发现是，黑猩猩像我们一样，会考虑他者的需求和意愿”（Choi，2011）。

团队或任务导向行为的另一项强大动力是对群体或团队的归属感。无论是体育团队，乐团、政治党派，还是教会，一个团队可以把不同的身份紧密包融在一起。你的身份可以与他人紧密联系在一起，并且通过这种联系可以发现自身价值。这种与特定群体形成的身份认同，会成为无私行为的强大驱动力。比如，奈飞的组织文化和价值观为所有员工树立了准则。这种文化将无私与合作贯彻于每位员工的行为中，员工们需要：

- 为奈飞，而不是个人或团队谋求最佳利益；
- 寻求最佳创意，少些自我；
- 抽空帮助同事；
- 公开、积极分享信息。

天生的利他因素、社会身份认同以及群体形式能够激发无私行为。奈飞也被认为是能够重塑人力资源的公司（McCord，2014）。

对新队友的无私

2010—2011 年，巴特勒男子篮球队如此成功的另一个原因是高登 · 海沃德（Gordon Hayward）与威利 · 卫斯理（Willie Veasley）的关系。高登 · 海沃德是极为成功的 NBA 球员。2008 年，当他加入巴特勒男篮时，引起了一位三年级后卫兼小前锋的注意，这个人就是威利 · 卫斯理。卫斯理是一位凶猛强悍的球员，他总是在适当的时间出现在适当的位置。当时他不再是新人，也不是二年级学生了，正想要得到更多的上场时间和得分机会。但是卫斯理把团队的胜利放在了他的个人表现和数据之前，竭尽所能帮助海沃德迅速成长为斗牛犬队的核心球员，卫斯理的行为处处体现出了无私的精神。

体育作者格雷姆 · 库奇（Graham Couch）更为深入地研究了这种现象，他指出卫斯理的每场比赛拿到 10 分 4 个篮板，他的数据就像伊利诺伊州的这座西北小城一样，谦逊又低调。高登 · 海沃德这样评价卫斯理“他像是黏合剂一样，把我们所有人团结在一起……他做了那么多事，不动声色地让团队取得了胜利。如果你是教练的话，你会更理解这一点。教练让我投篮，就这么多——卫斯理会竭尽所能设立防守为我制造空档，或者制造额外传球”（引自 Couch，2010）。

117 这个数字最能说明卫斯理对于巴特勒男篮的影响（Couch，2010）。他在职业生涯中取得了 117 场胜利，与他的队友尼克 · 罗杰一道，他们创造了巴特勒男篮史上之最。“大多数人没有发现他的价值，也并不关注他。与他对团队的贡献相比，他得到的赞誉远远不够。”三年级学生马特 · 霍华德（Matt Howard）这样回应，霍华德还指出，“整整一年卫斯理的防守都滴水不漏。他还让球队的进攻和防守趋于多样化。卫斯理的身高只有6’3”，你无法想象这个身高的运动员能够打出这么多不同的防守和占位”（引自Couch，2010）。

但他具备这样的能力，并且已经做到了。当卫斯理完全还是新人的时候，一只手受了伤，但他发现自己能够对抗印第安纳大学6’10”的前锋D. J. 怀特（D. J. White），并且能成功补篮，这是他赢得的第一场比赛。从那时开始，他就负责防守控球后卫、中锋以及之间的任何位置，他打了四场NCAA巡回赛，两场甜蜜16强赛，并且成功助力巴特勒男篮首次进入了NCAA四强。

在这篇文章中，巴特勒男篮的教练布拉德·史蒂文斯谈到，“威利称得上是巴特勒男篮史上的优秀球员，因为为了使球队赢得比赛，你让威利做任何事他都会做。他是我们的肖恩·巴蒂尔”（引自Couch，2010）。

小　结

卫斯理推进了团队的合作与胜利，他总是尽忠职守，放下自己对名誉和得分的渴望，完全无私地把队友放在首位。我们在研究中发现，无论是在体育、商业还是艺术行业，在所有推进团队发展的关键因素中，这一点最为突出。个体可以采用多种方式，把总体目标放在个人利益之上，全力追求总体目标的实现。

花点时间做些反思：

- 是否目光明确，顾全大局，满怀激情？
- 是否对自身工作、岗位职责和团队目标、组织任务之间的关系有清晰的认识？

- 在团队的新人中，你是否发现有些人能够强力推进团队的卓越发展？
- 你身边有无私的人吗？你是否以他们为榜样，用同样的无私行动回报对方？
- 是否能够确保每项行动都与任务相关？当某项任务性质不明确时，本人或其他团队成员是否对此提出疑问，探究该项任务到底是如何推进团队向核心目标迈进的？是否始终对此保持疑问？是否中止了那些对团队任务无益的工作？
- 当团队发展偏离方向时，是否主动介入，使团队回到正轨，着眼于大局？是否推动团队跨越前进路上的障碍，从而实现团队目标？
- 献计献策，但如果团队发展与自身考虑不符，是否仍然支持团队的决定？
- 是否针对团队棘手问题采取建设性的举措？是否问过："在所有的行动计划中，哪一种最具有发展潜力，能够圆满、迅捷地实现团队的核心目标？"
- 为了完成最具挑战性的目标，你是否牺牲了自己的时间和精力，是否表现出了责任感和决心？为了保证任务的圆满完成，尤其是面对重压时，你是否奋力向前，不断超越？

基石三：激发动力

前进需要动力

前进需要动力，在所有需要付出努力的行业都是如此，无论是在商业、公共服务、体育、军事还是艺术等领域。借用牛顿第一运动定律，一个团队会始终保持恒常状态，除非受到力量的驱动。这种力量可以加速团队实现目标。催化者就是这样的力量。

在物理学中，动力由质量乘以速度得来。对团队来说，质量可以看作是人们智慧的集合，速度则是这些团队人才推进战略发展的力度和效率。这样动力就可以通过团队前进的速度和节奏显现出来。但是想要迈出第一步，创造明显的加速度，并且在上升阶段仍然能够加速的话，就需要比保持原有速度投入更多的努力。这就像骑自行车一样。

催化者能够打造团队凝聚力，并且能够通过自身信誉创造动力，向任务相关的目标迈进。他们能够使团队保持出色发挥，在最合适的时候引领团队前进，对上级和其他同事鼎力支持。

> 催化者为了激励团队，会营造一种环境。在这种环境下，个体成员会对一项事业踌躇满志，他们会接受一种理念，就是要实现价值目标。

振奋精神，实现崇高目标

当个人及群体想要完成一项任务（为了生存）或者开拓成功前

景时，推进的动力就会迅速增强。也就是说，他们开始反问自身，如果能够非常成功的话，将会取得什么样的成果呢？接下来他们就会投入自己的活力、资源和专业知识，为了实现这项共同的事业同舟共济。你为了激励团队，会营造一种环境。在这种环境下，个体成员会对一项事业踌躇满志，他们会接受一种理念，就是要实现价值目标。你让他们充满了斗志。在你营造的这种环境中，他们能够让自己为了实现目标变得热情、积极，并且不断激发出向目标前进的动力。但这只是如何开始，想要创造一种强大的动力，你还有更多事情要做。

在体育赛事中，当一个球队在比分落后的情况下使局面得到强势反转时，随着差距的一点点减小，团队的动力（以任务为导向的能量）就会逐渐增强。就好像是动力能够反哺自身而激发的腺上激素，能够产生更为持续不断、势头强大的动力。正如物理学一样，因为质量和速度产生了动力，一个高速移动的物体很难放慢速度或者停下来。

激发动力是我们的第三项催化基石。其中开发的能力包括：

- 激励他人牢记并执行任务；
- 提升和更新知识技能；
- 领导与追随。

7

催人奋进，牢记使命

定　　义： 激励他人实现组织目标。

反向行为： 疏离他人，削弱团队动力，只为忙忙碌碌却不重视取得关键成果。

自行车比赛与目标激励

和一些外行观察者的看法相异，骑自行车其实是一项团体运动。虽然在所有的常规比赛或者段落赛事中，都只有一位自行车手能够赢得比赛，但他/她的胜利应归因于在整场比赛中对团队战术的有效运用。要参加一场比赛，一个自行车团队需要组队，然后挑选出一位有望获胜的领骑。其他 6 至 8 位车手则会联手部署突围（breakaway）、风拽（drafting）、带冲（lead-out train）和主车群（peloton）等团队战术。

突　围

在比赛的初始阶段，会有 2 至 5 位车手从车群中突围出来，他们会强力加速，和大部队拉开数英里的距离。突围的车手通常不会是车队的领骑，也不是最有力量的车手，但他会技术性地迫使其他车队耗费体力，或者偏离重心。

风　拽

和汽车赛一样，自行车手也会相互牵引气流以打破风阻。车队指导利用这种比赛战术，会把车队中提供护航的车手安排在主车手的前方和两侧，这种车手被叫作“勤务”（domestiques）。在整场比赛中，这种战术会为主车手留存 20%～40% 的体力。

带　冲

在以平路为主的自行车赛中，通常在最后是一组特定车手的终点冲刺，这种车手被称为冲刺手（sprinters）。他们能够利用爆发能力迅速加速，全力向终点冲刺。最为成功的自行车队会安排 3 到 4 位训练有素的带冲手为冲刺手挡风，同时为其他车手清理赛路。带冲的时间十分关键，带冲手们会轮流加速，直到离终点只剩下 200 到 300 米的距离时，一直处于自由状态的冲刺手才会全力加速，向终点冲刺。

主车群的团队配置

在比赛中，自行车手们会形成一片主要区域，这片区域被称为主车群，其中大概有 180 位车手以每小时 20～30 英里的速度骑行。因此，车队指导会倾向于让车手零散分布于主车群中，以此来保证大部分车手能够避免可能产生的冲撞。车手散布于主车群的话，当车队进行冲刺或者突围时，团队指导还可以即时部署和做出回应。

挑战斯齐卡山

之前已经提到，勤务的角色很重要。他们通常会在车队领骑的前方位置，这样能够形成风拽，以此来保证领骑在比赛最后需要突围时能够存有足够的体力。在团队进行冲击时，勤务会突然冲到前方，迫使竞争车队在后方跟上出击者。一旦他们贴上，另一名勤务又会加速冲到前面。这样做的目的是使对手精疲力竭，为接下来的领骑冲刺做准备。

乔治·辛卡皮（George Hincapie）是自行车运动中最为优秀的勤务之一。Rollfast 俱乐部的马特·坦纳（Matt Tanner）向我们讲述了有关乔治的故事。乔治作为他的朋友和导师，激励他达到了原以为不可能达到的高度。马特和其他一些人在外进行一项骑行训练项目，他们要向南加利福尼亚州的斯齐卡山发起挑战。自行车手们需要攀行至 550 米的高度，全程共有 6.3 公里。职业自行车运动员认为这段路程十分残忍、痛苦、精疲力竭。而马特在同伴很少的情况下，以 25 分 37 秒完成了攀行。他将自己的这项成绩归功于辛卡皮的鼓励。

乔治让他在前期攀行时维持稳定状态，不要立刻爆发体力，而是保持稳定，贮存体力。山顶的冲刺极为残酷，马特对自己的腿部劳损，肺部损伤以及大脑意识情况进行了估计，但是他不愿意放弃。辛卡皮对着他的耳朵大喊："只剩下 200 米了！"他就在马特的身旁，全程陪伴在他身边。正如马特告诉我们的："我不想就这样放弃，我不能放弃。我不会让坚信我能做到的人失望。乔治的激情促使我激发出了体内原以为已经耗尽的体力。”正如大家想的那样，距离山顶其实还有好几个“200 米”。

马特的成绩目前是这项攀登项目中速度最快的 12 人之一，这也是他自己最满意的事情。但是他的故事所讲述的，更多是来自其他车手的激励，而不仅仅是成绩本身。从这件事以及他的自行车生涯中的其他一些经历中，马特认识到在团队、身边或者某个位置配置人员的价值，他们能够在关键时刻激发和鼓励自己。像乔治这样的催化者会使团队中的每个人更为专注、投入，表现更加出色。

对辛卡皮来说，他做了一些特别的事情，让马特发生了改变。辛卡皮激励他人的能力展现在以下具体行为中：

- 对马特的能力表示出信任；
- 对马特进行一对一了解，与他建立个人关系；
- 在上山过程中全程陪伴左右，绝不离开身旁；
- 在耳边不断讲积极、鼓励的话语；
- 设定可行目标；
- 将最终目标分割成小块儿，这会使目标看上去少些艰巨性，更为可行；
- 促使马特探索自身的不可能，激发更多未知能量；
- 共同庆祝胜利。

直至今日，辛卡皮仍在不断培养和激励着马特。如何才能像辛卡皮一样，以自己的方式实现赋能行动呢？面对他人或整个团队，你会怎么激励他们？如何才能加快速度，维持动力，提升催化能力？

想一想自行车团队，看看他们是如何激发车手向前冲刺的。怎样才能让自己的团队也产生这样的效果？你会如何为他人铺路？团队第一是这项能力的重中之重，此外还要其他一些人的配合，这样才能使整个团队取得胜利。与队友共同商议指定策略，为团队的成功创造条件。成功并非偶然。车手并不是靠运气才能有机会为队友制造风拽，一切都是计划好的。你要怎样推动他人挺进向前呢，尤其是在关键的时刻？

> 从功能性角度来看，有效的团队领导者是这样一类人，只要是对实现团队目标至关重要的事，他们都会做，或者安排别人去做。
>
> ——沃克，2017

催化者以任务为重，推进行动向目标任务迈进。他们会踊跃呼吁行动，为了推进团队有力向前发展，完成任务，他们会制订紧密的时间计划，督促他人一丝不苟地专注于亟待完成的目标任务。催化者首先做出了表率，进而推进大家投入行动之中。

同时，催化者重视人的作用。他们利用团队成员的行动积极性和个人才能，激励大家众志成城，齐心协力，完成任务，共绘蓝图。他们燃起行动的火把，引导并推进团队向目标前进。

这并不是一件多么神奇的事情。多方面了解一个人，并且知道他的动力源泉所在，这是催化者的一项基本素质。有些催化者能够很自然甚至不知不觉地做到这件事。但对其他人来说，这是一项需要习得的技能。

一些人或者看重结果，或者看重人际关系。他们把结果和人放在对立面上。这是一种错误的认识，不能最优化地激励他人实现共同目标。催化型领导者明白，结果和人都是整项工作的组成部分，人可以被多方面激发鼓励，他们身上凝聚着各种行动和想法。

心理学家大卫·麦克莱兰（David McClelland）和他的同事发现了三种重要的动力需求：成就需求、亲和需求和权力需求。这三种需求驱使着人类行为的许多方面。一般来讲，我们所有人都有这三种需求，但其中一项需求即使不占据主导地位，也会强于其他两项需求。行之有效的催化者能够发现，对某个人而言，哪项需求才最重要。正是通过这种观察认识，他们才能确定激励对方的最有效方式，同时也能发现，何种意义的成绩和成功才能对他们产生推进作用。

激发动力，提升表现

猫总是喜欢费劲追自己的尾巴。这种无益的行为可能除了会制造些乐趣之外，并没什么用。如果把同样的精力放在捕捉下一顿美食上面，就会产生直接的好处，同时还会有种体验胜利的满足感。对年幼的野生猫科动物来说，这是一项需要认真磨炼的技能，确确实实能够为自己带来好处和荣誉。因此它们会学习观察那些经验丰富的猫，在尝试和错误中不断培养和完善这项技能。

对这项技能而言，当行动以任务目标、切实成果以及有效产出为外部导向时，就会产生团队活力。但如果有人诋毁他人，挑唆内部矛盾时，活力就会被削弱。偏离任务重心的过虑或者群体顾虑也会转移动力。这些都是消耗性行为，会导致团队停滞不前，或者完全是耗费精力。

以任务为导向，创造活力，有效引导，这项工作既需要发动才智，也需要投入汗水。催化者会采取积极行动，推进这项工作的进行：

- 提升荣誉感、自信心和信念，打造健康统一的团队精神；
- 明确形势；
- 明确团队任务、愿景对个人的意义；

- 使大家牢记：任务为重，目标利益至上；
- 传播积极进取的工作态度，让大家坚信可能；
- 时常提醒大家：成功之时，便是个人和团队收获之日。

提升荣誉感、自信心和信念，打造健康统一的团队精神

团队活力主要源于团队成员自身，而不是靠什么神奇的外部力量，催化者会加速活力的产生。其必备因素包括对团队任务和目标取向的坚定信念、目标荣誉感、对团队必胜能力的自信，以及一种使大家同舟共济的精神。这些是催化者需要建设的心理层面，同时还需要以此来消除其他可能抑制表现的分歧。团队合作精神有赖于群体成员全心全意支持团队的决定和发展方向，即使个人可能有其他的意见主张。

明确形势

催化者既能清晰呈现成功的积极影响，也能明确阐释不足的危险所在。二者的结合能够打造更强的决心，增强团队紧张感，激发团队的执行动力。它们可以成为团队的推动力。对有些人来说，成功可能带来的好处比失败更有激励性，对另一部分人来说则可能正好相反。催化者会在强化总体动因的同时，深入挖掘个人动机。

明确团队任务愿景对个人的意义

催化者会强调团队任务对每位成员的意义，以及可能带来的更

多好处。他们采用各种方式，反复沟通团队任务的重要性，同时使大家认识到，团队任务的完成将有利于个人和总体价值的实现。

使大家牢记：任务为重，目标利益至上

在必要情况下，用团队的总体目标为大家加油鼓劲。由衷坚持同一条理念，在反复倡导下，这条信念可以成为团队强有力的战斗口号。

时常提醒大家：成功之时，便是个人和团队收获之日

团队的成功是各种有形和无形的个人与集体成果，值得大家努力为之奋斗。对团队的激励应当涉及个人，关注团队中每个人的愿景，个人愿望与总体成绩也是紧密相关的。把每位利益相关者的“小我”有机融入“大我”之中。

传播积极进取的工作态度，让大家坚信可能

提醒团队关注同行的已有成果，让团队认识到他们可以采取自己的方法，取得同样的成功。催化者会采取多种方式做到这一点。

以成功为基础。催化者把成功看作基石或者通往下一步的跳板。他们会为胜利和成功举杯庆祝，也会吸取经验教训，进而才能更快速高效地向前发展。他们会提炼出最优工作方法，并将之应用于发展。催化者绝不会让无效的工作方式拖住脚步。

正视挫折。把挫折看作是学习的机会。催化者常常会把挫折当作一种团结队伍的方式，这样可以深入发掘团队自身蕴蓄的能量，集思广益，使团队重回正轨。催化者牢记团队的整体目标，通过这

种方式使团队摆脱困境。虽然身处泥泞，但他们会让前进道路变得轻松愉快、切实可行。

积极建立相互承诺。黏合剂可以使团队成员团结一心，高效产出，其原因之一是相互承诺。催化者认识到了团队成员间的依赖关系，他们会努力加强人与人之间的相互承诺。他们明白别人需要自己，自己也需要依赖别人才能实现个人和团队目标。催化者在团队中传播一种相互帮助、携手并进的理念，以此来提升整个团队的卓越能力。他们以身作则，既不会让其他团队成员失望，同时也避免了对他人的工作效率产生冲击。正如自行车比赛中的主车群战术一样，相互承诺是这项战术的基础。

最后，催化者让他人能够不断创新和发展，或者发现全新的解决方案。以目标为导向的责任制授权行为能够产生动力、承诺与所有权。然而对授权行为的风险认识也同样重要，因为一切可能会付诸东流。对投入和适当风险要进行认识和强化，但无须考虑产出。要认识到，只有从经历中吸取经验教训，才能得到想要的结果。之后再把这些认识发现投入到未来的实践行动中去。惩罚失败会抑制以后的改革创新行动，也是对大家的主动性和授权行为泼冷水。对改革创新举措的积极认识和不断强化，就是鼓励更多的创新行为，专注和热情也会应运而生，大家可能会你争我赶，踊跃向前。你会采用何种方式，促使团队承担适当风险，鼓励创新，从而帮助团队从结果中汲取经验？

渠道执行

设想一下，六匹马拉着一辆载人马车或者运货马车，理想情况下，所有的马都会共同向一个方向使劲。但如果情况不是这样呢？

如果它们的用力方向稍微有些不同，相互扯拉，偏离了前进方向呢？车夫就会根据不同方向的拖拽前后进行扭转。要把它们重新拉拽整齐既费时又费力。这是一种效率极低的行为，使行程变得更为艰难。这种情况与我们人类的团队类似，虽然团队成员没有被系在一起。它们可能会根据自己的倾向做出细微（或者没那么细微）的方向调整，而不是完全遵循协调一致的工作方式。结果就会产生更大的分歧，工作效率降低，集体才智和人力资源被浪费。团队就需要花费更多的时间，耗费更大的精力才能回到正轨。催化者会激发团队的动力和团结精神，保持团队的统一战线，促使团队一致行动，提高生产效率。他们利用自己的信誉和影响，通过以下 8 种方式为团队赋能。

个人和团队的目标与团队的任务愿景相结合

催化者会明确岗位关系，划定各人职责，确定个人在目标推动下的执行方针，协同团队成员，推动团队向宏伟目标迈进。

谷歌早期只有 40 名员工，他们当时采用一种目标与关键结果（Objectives and Key Results，简称 OKR）的工作系统来集中专注度，推进工作表现。这套工作系统是由谷歌的投资人约翰·多尔（John Doerr）设计的，如今无数高科技公司、大大小小的企业，以及包括盖茨基金会在内的许多非营利组织都在使用 OKR 这套工作系统。在 OKR 中，个人根据团队任务制订目标计划，关键结果决定着每一步的工作进展，同时也使工作计划始终以实现目标为导向。结果还能呈现出目标的实现方式和进步方面。

催化型领导者会不断评估个人绩效，同时对实现企业计划的有利方面做出评估。他们首先会使 OKR 落实在册，每个人都能看到它的情况，并且不断进行应用实践，进而在以后做每项任务和计划时都会自觉采用这套方式。在应用过程中，他们可以把较大的关键结果分割成小块儿（或者分期任务，以缩短距离），这样可以集中精力，维持动力，确保正确的发展方向。催化型领导者以及团队成员对自身和他人的工作负有责任。

制订团队分步计划，逐步前进

OKR 工作系统的开发主要针对个人，但它的运行方式同样适用于建立 OKR 类型的团队。OKR 在团队管理中的应用步骤如下：

1. 结合团队自身资源，切实规划团队的发展前景和速度。确立合理的发展计划（关键结果或中期实现目标）。

2. 当 OKR 落实到个人时，具体阐释团队的知悉和考核方式。设定分步任务，在完成任务后根据任务来考核成绩、调整发展战略，在必要时对整个发展进程作出修正。

对任务保持专注：中止、启动、继续

催化者通常会问：

- 目前的工作如何能使我们更加接近目标？
- 各项行动对任务的实现度如何？

这些问题有助于我们选择何时停止或者终结行动，终结的这些行动或者不能推进团队发展，或者发展速度缓慢，或者方向发生偏离，或者与总体目标无关。这些行动会从那些相关度更大、生效效率更高的任务行动中转移精力。试问：

- 我们是否在某些方面浪费了时间和精力？如果是的话，如何才能实现无效能量的目标转向，推动团队向前发展？
- 是否有一些人的工作对团队项目或任务的附加值不高？如果是，如何才能重新分配部署，提高效率？
- 哪些行动会耗费或流失精力？哪些行动消耗的精力、时间、资金及其他资源高于其产出价值？
- 反过来看，哪些行动对我们真正有回报？哪些行动有助于完成任务？因为这些行动能够产生结果，所有这些就是我们明显想要继续、强化或者拓展的行动。

简单来讲，这些问题能够帮助你和你的团队决定哪些任务要中止、启动和继续，进而能够加速团队发展，实现最高的潜在回报。制定你的中止、启动和继续的清单，与团队一起经常对清单进行更新。

追求一致行动，实现切实成果

行动一致可以减少对抗。少些对抗，执行就会更顺利，行动能力会更高，进而能够一步一个脚印地向全局目标迈进。就这方面而言，健康的人际关系、团队氛围以及成员间的沟通交流十分重要。职责明确和清晰的战略目标路线有助于团队的协同合作。一致行动也明确了团队作为一个整体，如何才能顺利衔接工作内容，使团队动力无处不在。

倡导利用专业知识，应对团队挑战

人们普遍认为团队的一致意见十分重要，但在《执行阶段的管理合作》一文中，罗布·克罗斯（Rob Cross）和同事们经过不断的研究发现，事实并非如此（Cross et al.，2008）。与流行的观点相反，和“对一致意见和参与式领导的倚重”相比，对相关专业知识的应用才更有效。他们的研究表明，“过分追求一致意见”往往会延缓决策的制定和执行。因此，催化者要做的工作不是推进团队的一致性和多数原则，而是要强调成员相关专业知识的重要性，以此来影响团队的发展路线。一致性和多数原则可能会使团队成员感受到更高的参与度，但有时也可能会破坏团队执行任务的有效性，尤其是团队到了关键时刻或者遇到重大挑战时。这样做的目的是以最契合的专业知识应对特殊的挑战或者需求，和团队一致意见相比，这种方法能够创造更好的收效。

催化型领导者既不乏勇气，又拥有“网状视野”（Cross et al.，2008），因此他们能够为团队提供见解和针对性看法，使团队免于对最高声音的过度依赖。催化型领导者善于使战略性人才为当前目标所用。因为知识和专业的意见十分重要，它们所反映的经验和智慧可能会被我们愚蠢地忽视。同样十分重要的是，要适当地允许他人通过专业知识对团队意见进行优化。通常不会只有一种正确的方法路径，实现目标可以有多种方式。要不断寻求和接受来自专业方面的建议和意见，优化、加强核心模式。

我们并不需要认为既然是一致意见，那么房间里的每个人对所有的细节都是100%同意的。虽然也不是不可能，但大多数情况下很难做到100%同意。建议这样来看待团队的一致意见，即大家对团队决定的同意度超过80%，对执行意见的投入度则是100%。

100%的投入度才是关键。理想情况下，团队成员会带着这样的想法离场：“虽然，并不完全同意所有的细节，但是对大家共同做出的决定，我一定会全力投入。同时，我也会公开支持我们的团队决策（而不会在别处说三道四，破坏决定）。”

控制正式会议之外的舆论，使团队保持专注，坚持团队任务和愿景

通常情况下，一些强有力的舆论会试图在团队的正式决策路径之外寻求势力支持。这些舆论可能会制造混乱，散播矛盾和疑问，偏离团队战略，就有点像是向不同方向拉拽的人力马车。催化型领导者和团队成员会使团队行动保持统一协调。在必要情况下，他们会调整战略战术，使之重新聚焦于团队的总体目标和计划。

寻求新的团队创新、改进和绩效管理方式

团队和企业能够受益于外在和全新视野，发现应对挑战的多种方式。催化者在信任和坦诚基础上建立高效的人际关系。他们利用所学，改进团队的前进方式，推进团队更为高效地向前发展。催化者会尽力了解客户和利益方对自身团队的认识，寻求改进之处。谨记，一个团队的成功与其服务于内部和外部客户的成功密切相关。

保持团队运行正常

防止团队因为微小的细节而走弯路，这样可能会使团队偏离方向，分散注意力。如果真的发生这样的情况，把自己当作团队的罗盘针，引导团队回到正轨。使团队向全局发展的方向、总体目标或任务看齐，要以团队希望实现或达成的愿景为目的。

把任务变成一块磁铁。

小 结

几乎没有什么方法能够让他人牢记使命，执行任务。只有通过技术和战略的结合才能让个体和团队行动起来。关键是使人力和精力能够有效地服务于总体目标和关键性阶段成果的实现。此外，不能使行动以绩效成果为导向。就像猫追自己的尾巴一样，无意中就容易原地打转，或者在低效行动上浪费过多的时间。这种事情或许有点意思，但不能产生动力。鼓励团队积极实现崇高目标，提升个体和团队绩效，使行动落实明确，实现任务结果，只有通过这些行为，才能让团队运转起来。

花点时间做些反思：

- 你对自身团队的任务有明确的认识吗？你能满怀活力和激情，向他人宣扬团队使命吗？
- 你的行为是否是为了完成团队任务？
- 你是否移除了那些偏离团队总体目标结果的障碍？
- 你是否帮助他人扫除障碍？
- 你能确定每个团队成员都认同团队目标吗？成果不仅是个人的，更是团队的，对此你是否接受？
- 你是否采用中止、启动、继续的模式来检验自己的行动？
- 你是否找到了达成意见统一、推进团队发展的合理方式？
- 你是否激发团队动力，鼓励团队积极实现崇高目标？

8
更新升级知识技能

定　　义：不断探索掌握前沿知识和专业技能。对新发展、新理念及其具体应用怀有好奇心。

反向行为：满足于目前的技术知识。闭目塞听，拒绝建议和提升机会。

一所市区学校的改造：打造催化群体的过程

一所市级中学的新校长曾经大刀阔斧地对学校进行了改造。

在首次与全体教职员工见面时，这位新校长就向大家陈述了自己的核心目标："提高学生成绩，打造一个社会公平、掷地有声的"学习环境（Thompson & McKelvy，2007）。其战略核心包括以彼得·圣吉（Peter Senge）的五项修炼模式为改进方向，把学校改造成为一个职业学习群体。校长把这个核心看作是振兴学校的关键，使学校成为教师们能够真正"关注学生的智识、情感和社会成长"的地方（Thompson & McKelvy，2007）。

从一开始，校长就鼓励所有教职员工把梦想做大。她说服大家不要仅限于从自身部门和职能角度看问题，而要拓展思想，把学校看作是一家教育公司，把它作为一个整体看待，看它作为一个系统如何进行整体运转。

根据圣吉的发展模式，他们的首要目标是建立共同愿景——五年后他们想让学校变成什么样子？校长把这当作是最紧要的事情之一，同时认为这也是在职员、家长、学生和其他利益方间打造共同意识的关键。共同愿景将会推动所有人的决定。为了建立这项愿景，他们就学生的必要知识储备和毕业前景进行了广泛的讨论。一切都是为了促进学生的成长和提高成绩，通过对学生需求的评估，愿景讨论的结果决定了教师需要掌握的技能和行动内容。这些知识和技能主要集中在五个方面：知识深度、技能、多样性差异、教学方法（适合年龄的教学实践）以及学习理论。同时，教师们还要全力投入，不断发展自身优势。

基于他们的共同愿景和分析讨论，学校做出了一系列重要决定，从根本上改变了学校的诸多管理方式：

- 重新安排上课时间，使不同的学科和科目小组能够一起上课；
- 成立教师学习小组，主要是为了专业发展，提升表现；
- 与一所大学建立依托关系，帮助教师深化学科知识；
- 中止那些与愿景不符的项目和行动。根据新愿景，制定新举措，让教职员工学习如何履行这些新举措。

依据彼得·圣吉的五项修炼模式（2006），目前的心智模式受到严格的检验、调试或者中止。为了有效地实现学生学习成绩目标，学校开发了新的心智模式。教师、学生、家长和学校职工领导都被邀请加入到开发过程中来，以保证过程的开放性和反映角度的全面性。其目的是把它变成大家共同努力的结晶，在其中灌输承诺、主人翁的意识和自豪感，培养各方面的领导者。所有人都可以通过这套新的实践执行方式，完善个人职责。

需要学习和成长的不仅仅是学生。学校的一项理念是，在学校这个大集体中，所有的利益方都需要积极学习和进步，这样才能不断向前发展，实现共同的愿景和目标。这项理念与圣吉的五项修炼模式是一致的。有了这样的认识，学校教职员工就能根据自身需要，制订职业发展计划。

学校战略的另一项重要内容是把团队学习提升到一个新的水平。他们超越了跨学科和部门团队的传统模式，取而代之的是我们所说的催化型领导者和团队成员模式。教职员工们在个人和职业发展方面互相帮助，不断开创新局面，挑战新思维，推进了整个学校的发展进步。

学校首先在各个班级实行一种轮流模式。其中首要和关键的程序是坚持对每个班级的学习环境进行评估，然后提供反馈和意见以便提高，以保证每个班级都愿意支持学生学习的核心目标。针对这套全方位的学习环境和系统，积极交换意见，共享信息。学校制订了专题学习计划以配合进步测评模式。教职员工们会相互配合以解决问题，他们互相观摩创新课程的讲授，并提供反馈和改进意见。

不管你是 2 岁还是 92 岁，学习永无止境。

这所市级中学的氛围得到了脱胎换骨的改变。教师不只负责教学，他们还激发了学生的求知欲。在学生的学习模式中，教师与学生一同分享所学的新知识，许多教师成了催化者，对提升学校的教学水平产生了重要作用。现在，他们正齐心协力，为成功实现学校目标而奋斗："……建立联系，为学生好好学习做好保障，教育学生把日常所学的知识和技能应用到实践中去，为生活做好准备。"（Thompson & McKelvy，2007）

培养催化群体

不要把这所中学看作是一家大型机构或公司，而是把它当成是由许多团队组成的网络系统。每个团队依据总体目标和战略部署，都有自身的团队计划和目标。为了使自身团队脱颖而出，催化型领导者和成员采用的方法之一，就是借用圣吉的五项修炼模式，把它作为发展学习型组织的关键所在，在多方面融合的情况下创造催化效应。让我们更深入地来看一下圣吉的五项修炼模式：

1. 系统思考（Systems Thinking）：为了分析形势、实现创新和解决问题，催化者会推进系统思考（从大局出发，观察所有部分如何整合为一个整体），圣吉把系统思考和共同愿景看作是五项修炼模式的基石，其他几项都融会贯通其中。

2. 建立共同愿景（Building Shared Vision）：催化者会与组织内外所有利益相关者一道，创立一个共同愿景或愿望。

3. 自我超越（Personal Mastery）：催化者会不断加强在关键领域的专业熟练程度，提升个人绩效。催化者以应用为导向，鼓励他人不断超越臻于卓越。

4. 改善心智模式（Mental Models）：催化者能够识别心智模式（评估环境和做出决定的角度），并不断挑战错误假设，还能发现那些有碍自身及他人进行沟通、学习的模式，努力打开沟通渠道，增强思维的灵活性和能动性。

5. 团队学习（Team Learning）：催化者能够推进学习和团队建设，提升团队能力，实现团队的有效、通力协作，众志成城，实现目标。

这五项修炼模式能够有效促进协作学习，保证知识和技能的持续升级、更新。这就是圣吉所说的学习型组织——“人们可以在其中不断拓展能力，创造真正想要的结果；培养全新、开阔的思维模式；全力实现共同愿景；不断发展全局视野。”

对圣吉的这五项修炼模式的综合应用能够产生推进效果吗？贝辛曾经为德勤事务所做过一系列研究（Bersin，2012）。研究结果显示，在四年中，以绩效为导向的学习型组织“创造了高出对手三倍的增长利润”。他的研究还表明学习型组织已经从“单纯注重‘训练项目’转变为对‘组织发展能力’的重视”。这些能力——一个组织的整体技术、能力和专业知识——是在安置、培训、报酬、沟通及其他人力资源方面大力投入的结果。学习型组织为我们展现了一种集合人力和资源来完成工作的方式（Smallwood & Ulrich，2004）。无论是在个人、团队还是企业学习中，技术发展成为一项重要和关键的活动。

催化者坚持不断学习。

升级更新自身技能

我们很多人把学习经历看作独立事件，比如参加了一个培训研讨班或者技术发展工作坊。培训虽然对长期职业发展有着重要作用，但它自身并不会强化职场表现。只有对所学知识技能持续的自觉应用才能创造新的作为。

催化者坚持不断学习。他们通过每日的经验积累来提高效率和效能，正如他们对团队和他人——同事、合作者及其他利益方——表现产生的影响一样。除了培训研讨班或工作坊之外，还有其他很多种学以致用的方法。以下几种方法可以作为参考。

练习，再练习

练习对于强化技能、巩固知识非常重要。这方面最知名的研究是赫尔曼·艾宾浩斯最早在1885年发表的一项研究（随后在1913年被译成英文）。之后这项研究以各种方式多次被重复（Murre，& Dros，J.，2015）。这项研究主要阐释了在没有复习和练习的情况下，一项学习过程到最后能够剩下什么。研究显示基本在15个小时之后，记忆内容会从75%降到30%，30天后只剩下3%至21%。应用和练习对巩固和发展专业知识相当重要。

试　验

试验能够让我们找到全新的方法，更加有效地实现目标：通过尝试和出错（从中吸取教训）不断培养、探索和完善创意。向前迭代。把学习重点传递给他人。周而复始。

求知欲

我们可以通过简单的方式获取知识，开阔视野，比如提问，不断学习、探寻别人看待和分析问题的不同方式，以及了解他人的逻辑。总之，要保持求知欲。飞买网的首席执行官托比·卢克（Tobi Lütke）在接受《纽约时报》角落办公室专栏亚当·布莱恩特（Adam Bryant）的一次采访中，曾经描述了自己对学习的渴望。他回忆自己的初中时代说，自己“强迫症似的执着于把事情做到最好”

（Bryant，2016）。对于自己的工作，他说“我总想尝试让事情变得更为有效”（Bryant，2016）。在提及最初协助他一起创业的团队时，他向我们解释“我们都是超级投入的学习者、凶残的阅读者和个人成长的痴迷者。所以我们非常投入，互相回馈，我们一直努力把它们拓展到整个公司中去”（Bryant，2016）。就是这种极度的求知欲，使他的执行团队和公司成为行业的领航者。

学习方法

研究他人——其对象可能包括教练、导师、同龄人、队友、合作者、其他组织的同事和朋友。积极研究他们的有效方式，从他们身上和他们的经验中学习长处，吸取教训，应用于自身。

通过阅读、视频和网络搜索进行自我学习。你是否坚持追踪最新信息，做团队中的自我学习领袖？

庇护别人。催化型领导者和队友应当从职责内外认识到同事的需求和挑战，这样他们才能知道如何为同事提供最好的支持，成为同事提升绩效、创造价值的有利因素。就如同做一个内部供货商或者客户一样。从新手角度为有经验的老员工考虑：要将心比心。像公司内部责任人那样，从深层理解他人的角色职责，逐渐成为不可或缺的人物。

标记并适应最优方式。立足自身，发现团队、企业或行业之外的最优方式。找出其出色的原因，寻求将其应用于自身的方式，或者吸收他们的技术以提升个人绩效。

结构化教育体验。通过线上、混合型、课堂或职业研讨班及工作坊来提高、拓展和深化自身，探索知识的有效应用方式。催化者会专注于应用和提升绩效。

团队学习和组织学习

整个团队、集体或组织的努力要高于个人的付出。作为一个工作集体，为了更加成功，他们会通过升级、更新群体技能为自身赋能。引导、推进并且最终通过努力获得成功，这是一个不断前进的过程，即使其身后已经建立了良好的文化期许，前进路上仍然充满挑战。

凯西·斯腾格尔（Casey Stengel）在作为纽约洋基队的经理期间，带领球队七次赢得世界大赛冠军。他说“得到好球员很容易，困难的是让他们在一起打球”（Popik，2012）。

我们建议在研讨班和团队建设训练之外，配备一系列其他的学习活动。因为研究表明，培训项目对实际的团队绩效并没有十分突出的影响（Salas，Rozell，Mullen，& Driskell，1999）。其影响更多作用在过程和情感效果上，而不是在有形成果方面。群体行为转变是一项十分艰巨的任务，通常结合一系列的学习方案方能取得最佳效果。我们可以把培训研讨班看作是比赛中的开球，球开始转动起来了，并且通过随后的一系列强化和改进措施，变革就有了一个共同的平台。这些并不够，它们或许十分有趣，但是能否为团队和工作带来价值呢？

事实上回到工作中的学习实践才能够持久，才可以带来有效的适应和拓展，激发改进的动力。为了提升团队的知识和技能，需要结合以下 8 项方法。

> 我会进行自我观察。一旦我不再练习，我很快就会发现自己变得不再快乐，因为我没有恪守自己的职业准则——我从内

到外开始堕落。真正的音乐家永远想要改变和发展，这是最重要的。他们是准备充分、充满能量的一类人，正因为在他们身边，我才能从容应对一切。

——大型交响乐团指挥（个人访谈，2010）

共同练习

项目团队、机组、合唱团、乐团以及剧团在技术娴熟的情况下仍然会坚持练习。熟练或者成功对他们来说并不是理所当然的事。奥林匹克运动员和音乐大师都知道，一切来自练习。对他们而言，练习的价值既是个体化的，也是集体性的，练习可以强化他们的总体表现，确保他们相互支持，配合默契，运转流畅，实现目标，提升总体表现。

女企业家法诺什·布洛克（Farnoosh Brock）是 Prolific Living 的创始人。她旗帜鲜明地指出："当你在练习时，你就是在使用自身技能，进行自我积累。你开始打破界限，之前你觉得自己永远无法做到；你收拾起老旧的锋芒，开始尝试新事物。简单来说，就是练习让你变得更好。"随后布洛克又谈道："持续并且有规律的练习产生阶梯式而非直线式影响。如果你每天练习，你的进步就不是直线式的，而是阶梯式的跨越。换句话说，这会是一次大的跨越，一次飞跃，就像从好到伟大，从普通到壮丽那么大的区别。"

汇报会

汇报会需要严格检查哪些做得好，哪些做得不好，以及未来如何改进。比如，虽然以色列紧急医疗团队已经是世界上最优秀的医疗团队，但是在每次灾难救援行动过后，以色列国防部仍会对医疗队的表现做出评估。他们在不断地寻求处理和预防问题的方法，探索如何才能更好、更快、更为有效地完成下一场行动（Leichman，2016）。

团队问题处理

优秀的团队会在发现问题的第一时间，通常当问题还处于幼小或萌芽阶段时解决。问题一般不会自我化解。关键是要从问题中吸取教训，把问题作为进步的平台。其中包括一些重要的环节：发现或界定问题（可能的话采用数据），分析问题，确定解决方向，然后通过专有过程制订和评估潜在解决方案。

互相引导配合

催化型团队不是创造出来的，而是建立起来的。你可以不断地探索和发现团队需求。跳出自身职责，帮助他人成长。帮助每位成员表现得更为出色，团队绩效也会因此提升。

我们从有效行动和不断主动强化的事物中学习经验。但有时我们也应该从无效行动、过错或者失败中吸取教训。麦肯锡公司的研究表明，“经理和员工都会赞同那些推进创新的态度、价值观和行为。最受大家认同的是对新思想持开放态度、愿意尝试和冒险。在一种创新文化中，员工知道自己的想法会被重视，他们清楚自己可以表达和实践自身想法，从失败中学习教训”（Barsh，Capozzi，& Davidson，2008）。试验能够帮助我们探索如何改进和应用新知，发展现有技能。

标杆管理和团队典范

在企业或团队层面，从高绩效团队或企业所采用的技术中发现能够适用于自身团队任务和目标的技术。不要把对典范模式的探索限定在自身行业或领域范围内。西南航空公司在早期曾经开展了一项著名的标杆研究，主要是为了探寻提升团队绩效的方法（Ghete, 2004）。公司的目的是显著压缩飞机从降落机场到推出起飞期间的转向时间。快速的转向意味着有更多的飞机正在飞行，收入增加，也意味着更多的乘客能够准时抵达目的地。除了对其他航空公司进行研究外，他们还学习了全国运动汽车竞赛（NASCAR）中后勤人员的最优模式。后勤人员必须在短时间内为赛车更换轮胎，补充燃油，清理碎片，检查散热，调试机器，并且修理好所有故障（NASCAR. com, 2015）。如同飞机转向时必须进行的操作一样，从进行机舱清理、装卸行李到帮助有特殊需求的乘客，后勤人员必须高度专业化。在看到飞机在丹佛国际机场的转向操作表现后，西南航空决定效仿。飞机在一个枢纽站可以停留的时间是 90 分钟。西南航空有“……六架飞机准时抵达，35 分钟后所有飞机全部离开”。丹佛机场的经理戴夫 · 拉波特（Dave LaPorte）这样告诉《丹佛邮报》（Leib, 2010）。

在企业、团队和个体层面中学习：一个熟悉的环境

麦当劳兄弟在快餐业打开的局面改变了时至今日的行业格局。在对员工的访谈中，我们对这种现代影响进行了近距离的考察。到底是什么或者是谁推动了这个系统的最初变革？是有好点子又愿意

学习的麦当劳兄弟。

在电影《大创业家》（*The Founder*, 2016）中，麦当劳兄弟马克和迪克把所有员工领到了一个网球场，然后用粉笔划出了厨房的区域。麦当劳厨房的空间和一个网球场的大小差不多。在球场上，他们精心编排了员工从烹调准备到打包配送的所有操作，每项操作的速度和效率都得到检验与合理调配。参与其中的团队成员都十分兴奋，充满干劲。每位员工都要学习一套全新的操作流程，团队以新的方式一起工作，操作流程得到改进，系统效率和速度的提升成为可能！

托马斯·多利（Thomas C. Dolly）描述了这一情景："伴随着莫哈维沙漠的尘土，秋日的寒风吹来了一丝凛冽，提醒大家一场不合时宜的冬季暴风雨就要来临。天色已晚，已经到了晚上 11 点多，七个男人大步走进了一个明亮的网球场。这个网球场在一座庄严宏伟、有着白色立柱的南方式宅邸后面。其中两个人声音积极沉稳，正在一张纸上谋划些什么，同时还指挥着其他五个人的行动。在网球场的平滑地面上，有一些用红色的粉笔线标记的认真构思的几何图形。

当模拟工作完成后，这两个人细心地根据线条和形状把其他五个人安排到不同的位置。他们从一个位置移动到另一个位置，在每个图形前面走走停停，经过时会做一些手势，还在讲些什么。这支阿勒曼德舞不断继续，从左到右，一遍又一遍，从午夜一直到黎明前。最终，他们在凌晨 2 点满意地离开了。一位好奇的邻居或许误以为这些夜间的古怪行为是什么大型户外棋盘游戏，或者是一帮兄弟正在演练一场假日方形舞会。事实上，那些图形是麦当劳兄弟为全新的自助理念所画的全尺寸平面图和设施布局。那两个指挥者就是麦当劳兄弟！"（《原味美国：麦当劳的创业史》，http：//jpaton. bellevue. edu/micro/mcdonalds. html）

这段描写刻画了麦当劳兄弟为他们的事业和团队注入的强烈好奇心。他们热切希望寻求一种快速配送食物的新方法。在调试过程中，他们对操作方式和熟练程度进行了观察。他们能够尝试新的理念，并且不断寻找应用理念的成功方法。正如大家都知道的，这场商业冒险并没有结束，而且最终吞噬了麦当劳兄弟的利益：雷（Ray）因为没有遵守商业协议而被起诉。

从麦当劳兄弟身上体现出了一种对创新运行机制的学习热情，他们和雷一道，为麦当劳餐厅的发展注入了动力。如今麦当劳已遍布全球，满足着世界各地人们的味蕾体验。

小　结

催化型领导者是终身的学习者。他们注重对所学知识的应用，以此来提升自身、他人以及团队的绩效。他们的学习方式非常多样化，在日常工作间隙也不忘抓住学习的机会。

如果你天生具有很强的好奇心，你可能会发现自己往往是最常提出问题、激发讨论的那个人。如果你正在热切寻求发展机遇，在企业培训项目中不断突破极限的人就是你。在球队中，你或许就是大量观看比赛录像，分析和适应对手特点的那个人。成熟的音乐家会通过上大师课以提升演奏水平，不断追求卓越。

从以上的故事和对麦当劳餐厅员工的访谈中，我们能够发现，企业会不断推进个人和团队的成长，使自身不断发展壮大。在我们考查的高绩效案例中，老板或经理充当着员工的激励导师和支持者的角色。他们会以一对一的方式，在个人提升方面不断与员工进行交流，谈论个人在成长发展中的受益之处，同时还会强调员工们在团队和店铺收益中的重要作用。

对持续性团队学习和技能提升活动的重视，必须是实现团队任务和总体目标的共同责任（De Meuse，2009）。知识技能的升级更新必须是一个不断前进的过程。持续性的催化效应正有赖于此。正如你可以成为一位优秀的个体催化者一样，你能够变得更加出色，你的团队也是如此。这一方面需要习得 12 项催化能力，另一方面也需要为个人和团队的提升制订清晰的目标计划。

花点时间做些反思：

- 你是否急切地想要提升绩效，与对手齐头并肩？
- 你是否为团队和企业的发展找到了清晰明确的量化目标？
- 你是否向新人传授他们应当掌握和培养的技能？是否确保每个人都清楚自己的发展目标？
- 是否团结关键作用人物，通过例证引导学习过程？
- 是否定期发现进步，不断强化新的行为？
- 是否有效利用了每位员工的教育补偿金？是否把所学回馈给了团队？
- 是否计划利用带薪休假时间学习新技能，或者努力向他人学习，以自身所学回馈团队成员？
- 你是否充分探索了自身潜力？问一问你的老板、导师或者教练，“我要怎么做才能变得优秀？”

9
领导与追随

定　　义：在最佳时机领导团队加速发展，实现目标。当他人的知识技能与团队目标相契合时，做到全力配合或服从对方的领导。对他人的能力表示尊重。

反向行为：明知好坏却仍然一意孤行，自视不可或缺，暗中损毁他人利益。

领导—追随—领导—追随

即兴戏剧（Improv）是引领与追随的缩影。它把行为打碎成给予和接受的零散片段，鼓励演员们时而上前做引领者，时而退后做追随者。这种理念同样适用于商业、体育或艺术行业的团队和组织的发展。即兴戏剧要求剧中的表演者们配合默契——表演自然，并且全场保持创造性的积极配合互动。这就要求大部分的参与者或演员必须清楚何时做领导者，何时做追随者。

我们有机会采访到一位即兴戏剧的业余演员。从她那里，我们对即兴戏剧的表演机制有了新的认识。贝丝（Beth）是一个青年组织中的老成员。每个月他们都会开动脑筋，自发合创一个故事，然后在台上表演出来与大家分享。白天，她是一个交响乐团的高级主管，到了晚上，她常常与朋友一起表演即兴戏剧。

她说：

“老成员”的意思是我这个四十多岁的人在和一些二十几、三十几岁的人同台演出。我喜欢这样！学习—分享—追随—引领。我逐渐能够很好地跟上大家的节奏！即兴戏剧极大地拓展了我的能力。通过与伙伴们一起冒险，我对自身的团队成员、老师和经理人的身份有了更为深刻的认识。它使我在面对工作时有了强大的自信。

当时的背景是这样的，在即兴戏剧方面我是一个开化较迟的人。在我们的团队中，我的年龄最大，但这并不意味着我最有能力。我还处于学习发展的阶段。上小学时的经历培养了之后我对艺术、音乐和表演的兴趣。我小的时候非常害羞。在教室里，我就像是一个安静的木头人。我绝对不是那种外向或者引人注意的学生。

后来发生了一些美妙的事情。学期期中的时候，一个女孩搬家到这里，并且转入了我们班。我们很快成了朋友。从一开始认识时，我们就喜欢待在一起。但我们还想拥有更多的朋友！可是我们不知道怎么去做。小学四年级可没有一门课程是教我们克服羞涩，和别人交朋友的！

我的确是太害羞了，没办法接触其他的小朋友，与他们成为朋友。如果是我一个人的话，这件事绝对没法办到。但我的新朋友（也是唯一的）萨拉（Sarah）提议，我们可以去假装——把自己扮演成外向开朗、一点儿也不害羞的小女孩。猜猜看结果怎么样？我们成功了！

就是以这样奇怪的方式，我开始对艺术产生兴趣。从走上即兴戏剧的舞台一直到现在，这些经历以及它们带给我的能力和自信让我无论走到何处，都能与人成为朋友。

即兴戏剧就像是我的角色扮演游戏。它要求我把自己放在一个被注视的时空中，在紧张又短暂的互动中，我必须与其他表演者建立关系。在整场表演中，我们要清楚何时做引领者，又在何时紧跟他人的节奏。

没有时间进行自我怀疑。批评别人，对别人的创意说“不”（no）或者“但是”（but），都没什么益处。相反，即兴戏剧体现的是一种“而且”（and）的力量。在即兴戏剧中，大家热切欢迎每个人提出自己的想法，团队成员相互信任，努力从这些想法中激发出无限的内容和创意。（个人访谈，2016）

想要拥有一场完美的戏剧体验，对贝丝和她的同事来说，就不能否决他人的创意，而是要给予肯定和承接。“而且”能够产生邀请加入的力量，“但是”则会带来拒之门外的结果。

此外，整场剧目必须围绕一个特定的话题或主题展开，剧情推进平滑顺畅。即兴戏剧就像是一场语言的舞蹈：一个人开场引出话题和剧情设定，另一个人紧接着做出承接和回应。引导对话的人随即就变成了回应者和追随者。主题内容在灵感和创意的迸发中不断进行拓展，高潮四起。通过这种引导承接，捧逗转换，每个人的创意得到最大限度发挥。表演者们通过相互之间的全力配合，为观众带来愉悦和享受。

领导、合作和追随

人们往往把领导和追随看作是完全相反的两个方面。在一些情况下，因为个人经验、技术和知识能力，你可能是最合适的领导人选。在另一种情况下，其他人可能在推进团队发展，实现一些特殊目标方面能力更强。即便当时你已经肩负起领导的责任，使这些评判各得其所并不代表软弱，这正是催化型领导力的体现。在领导和追随之间还有一个中间环节，它承担着二者共同的责任和义务，这就是合作。

有时合作是不同个体力量的融合，这是一门最有效的领导力课程。基于团队最大利益或者团队核心目标的最优实现方案，催化者会推进合作或者全力追随。在与其他人并肩合作，或者有时安排他人负责领导团队时，领导者并不需要放弃领导职位，退居一旁。

追随并不是一时冲动，也不是随大流。追随是努力成为团队的一分子，无论领导者是谁，都全力给予支持；是通过努力、投入、专业知识、创意、促进团结合作等多种方式，协助团队找到最好的发展路径。

优秀的领导者同时也是合作者和追随者。他们会为了完成使命不惜一切，全力以赴，同时发挥团队成员的力量，最终实现目标。对他们来说，最重要的是效果，要通过一切可能的最好方式来取得结果。信誉、认可和权力，如果对他们十分重要的话，也是居于第二位的。

想一下太空中的宇航员，他们与地面团队同步工作。无论是出现故障、危险、无法预期的问题，还是重大的计算失误影响到运行轨道，他们都不能停止飞行。宇航员必须在航行中处理问题，他们通常会与地面运行团队进行协作。指挥官必须在压力下集思广益，做出决定。每个人都是某方面的专家，谁是领导者并不重要。重要的是谁有办法能够解决问题，让全体宇航员安全地完成飞行任务，这个人这时就是领导者。而指挥官的任务是授权、合作、支持与跟进，协助他成功地解决问题。

这与负责完成任务的跨职能团队或者项目组织没有什么不同，与客户服务团队、网络安全团队、特别行动小组、手术室中的手术团队，或者消防团队等任何身肩使命的团队也没有大的区别。催化者会在最佳解决方案中主动放权。

英国探险家厄内斯特·沙克尔顿在1914—1917年进行了三次南极探险，他的故事就是一件恰当的领导力案例。（Wharton@ Work，2012）在探险中，他的航船“坚韧号”陷入浮冰之中，并且最终被击成碎片。探险队被困在浮冰上，沙克尔顿充分发挥探险队员们的专业知识和聪明才智，让队员们主动承担领导责任，最终使探险队得以成功返航。队里的木匠领导大家建造船只，这样当他们有能力撤离时，可以乘坐这艘船穿越720英里的狂风巨浪。在危险的海上航行中，沙克尔顿有时还会把领导权交给队里的领航员，以确保大家能够顺利抵达大象岛。沙克尔顿知道在何时利用队友的专业技能以及前行的最佳方式。

有时从领导者到追随者或合作者的转变是非常顺利和自然的，这种自然可能源自于长期的合作与相互信任。在另外一些情况下，这种转变可能会多些曲折，或者在必要的情况下才会发生。

领导或合作的转化判定因素

- 这项任务或工作是否能够发挥我的专长？他人是否具有更强的知识和技能，更能胜任领导职责？他人是否具有领导能力？
- 交付领导权的参数是什么？应转让全部还是部分领导权？
- 谁将负总体责任？
- 我能够全力支持对方吗？

以下是有效的配合行为：

- 全力配合领导者的工作，协助团队取得成功，为使团队实现目标而尽职尽责，以结果为导向；
- 鼓励协同互动与团队合作；
- 促进队内团结；
- 解决问题；
- 肩负领导责任时全力以赴，尽职尽责；
- 适应需要，不断提升自身；
- 让领导者和团队看到你的支持和信心；
- 鼓励其他团队成员；
- 与领导者进行真诚有效的沟通；
- 绝不诋毁破坏，以积极有效、简洁明了的方式对待和处理问题，可以私下处理问题，不一定要公之于众；
- 做最有益于团队和团队任务的事情；
- 坚持独立思考；
- 在必要时推进达成共识。

除了以上行为之外，还有一些是有效的合作行为：

- 共同绘制成功蓝图——包括目标和量度标准；
- 确保职责明确，规范每个人的角色与岗位职责；
- 在协同合作、解决问题和处理事件上达成共识，相互支持，积极与他人沟通；
- 及早发现潜在障碍，确定共同应对方案；
- 评估问题，达成一致的处理意见，集思广益解决问题；
- 承认错误，互相帮助以改正错误，不要责备他人；

- 开放思想，积极接受他人想法；
- 对团队成员的优势与短处共同做出评估，寻找开发利用已有人力资源的最佳方式，确定在必要时补充人才资源的办法；
- 保持灵活性，按需调配个人角色，改进工作关系，加速成长进步；
- 给予他人积极有益的回馈，探讨相互完善改进的方法。

追随的艺术

事实上，这本书的所有读者可能都有一个共性：每个人都处在需要追随他人的情形之中。

如果你是一位 NBA 教练，你需要向球队经理负责；如果你是世界 500 强的 CEO，你要向董事会负责；如果你是一位犹太教会的领袖，你就需要向信徒和上帝负责！即使你是独资公司，也需要依照客户需求提供服务和咨询。

如果你是一位普通的团队成员，时常做的是听从他人的领导，你就可以充分利用这种经历，为将来有机会领导团队项目或管理部门做好准备。学习做一个更好的追随者，学习在特定情况下如何才能领导团队，未来你的管理和领导能力会因此而不断提升。

勒布朗·詹姆斯（LeBron James）在比赛中会十分巧妙地在特定位置分配投球点。他会配合队友的力量和领导。无论是场上还是场下，关键时刻他总能挺身而出，控制局面。

业务总监在制订工作议程以及开会时，总会先向大家阐明讨论的预期目标，先让所有人都清楚工作议程，进而引导大家对第一个议题展开讨论：比如本季度经济收益明显，下个季度的产品订单有所提升。团队中的产品经理会主持大家讨论下一个议题。通常，产品经理首先会谈及产品的质量和交付指标，业务总监会在这时退居一旁，配合产品经理的讨论。业务总监是会议室的绝对存在，但对话讨论主要是在其他团队成员间展开。业务总监适时给予配合、支持和鼓励。作为领导者，业务总监不必在每个阶段都引领局面。

通过对已出版的领导力方面著作的观察，我们发现：领导力被提到3894次，而追随力或追随者仅被提到133次。这类著作充满了理论、案例与方法，它针对的是那些从角落里的办公室或前台发号施令的人。大众报刊则通常会从局部入手，比如亚当·布莱恩特在《纽约时报》周末版开设的“角落办公室”专栏。每周他都会采访一位行业领袖，他的访谈极有见地，也非常富有深度。但无论是相关著作，还是大众报刊，他们对追随者或追随力的关注都相对较少。

对追随力领域的最早关注要得益于研究者罗伯特·凯利（Rober Kelly）。在对追随力的研究中，凯利发现了两种潜在的行为因素有助于区别追随者与非追随者：第一个行为因素是看个体是否为独立、批评性的思考者；第二个行为因素是看个体是主动还是被动。依据这两个维度，凯利发现了五种追随模式或追随者的类型：

- 被动型追随者（Sheep），这类人对团队的关心和投入度都很少；
- 顺服型追随者（Yes-People），这类人会非常顺从领导的指挥；
- 实用型追随者（Pragmatics），这类人行事低调，埋头苦干；

- 疏离型追随者（Alienated），这类人爱唱反调，会对团队和领导者提出批评意见；
- 典范型追随者（Star Followers），这类人会拥护团队目标，支持领导工作。

催化型团队成员会像典范型追随者那样，支持领导者，激励他人，推进团队加速发展。他们会以任务为导向，在适当时机肩负起领导责任。

如何成为一位出色的追随者？

在既定情况下，我们必须事先选择是领导还是追随吗？事实并非如此。虽然我们在讨论时把领导力与追随力分成了两个方面，我们可能无法同时参与这两项行动，但也未必总是如此。为了说明这一点，我们可以参考在与他人进行有效沟通时的互动过程：我们在接收和发送信息、听和说之间不断转换。如果信息沟通是积极有效的，这两种模式的转换就会非常迅速、容易和流畅。与此类似，如果我们同时具备领导和追随这两种能力，并且确信能够在这两种角色间转换游刃有余的话，那么在群体设定中，我们就既可以做领导者，又可以做追随者。依靠领导和追随能力能够建立良好的合作关系。

在对催化效应的研究中，我们通过深度采访发现，优秀的追随者拥有一些重要的特征。那些被认为是有效追随者的重要团队成员倾向于：以结果为导向，看重质量，在必要时愿意提高自身能力，鼓励其他团队成员，擅于解决问题，尽其所能以完成任务。我们的受访者普遍认为：追随或者后退一步，为他人提供空间对团队表现十分重要。他们会看重这样的团队成员。

在采访中，一位艺术市场行业的领导者告诉我们：“我认为这有点像巴蒂尔效应，因为巴蒂尔应该一直在想，谁是最好的射手？我要寻找的是谁？我的位置在哪儿？对周围人的认识以及对每个人需求和技术的了解，对团队的有效运行十分重要。对我们而言，今天我是负责项目的领导，但是明天一旦发生什么情况，我可能就不是最有能力的那个人了，我需要寻求帮助。在我的团队里，作为一个员工你可以这样做。我的老板说‘我雇你是为了完成你的工作，不是把所有的事都让你做。’”（个人访谈，2014）

现实中追随或领导的决定考虑因素

退后一步：

- 当别人具有更强的知识能力时；
- 当你从某种情况或某套技能中认真倾听观察，学到更多时；
- 当你需要利用别人的长处时；
- 当你想要退后一步，获取更宽的视野时；
- 当你想要为别人的技术发展提供空间和支持时。

上前一步：

- 当你认为自己的想法和经验能够产生价值时，主动分享它们；
- 当你看到在职领导想要喘口气，暂时放下领导权时，主动提供帮助；

- 当你具有专业方面的方法和技术，在当时情况下能够提升团队绩效时，主动给予支持；
- 当你想要培养领导能力，推进自身技术发展时，积极实践练习。

出色的领导者也要具备追随的能力，要始终秉持这一观念。《沃顿商业简讯》指出“孤独的领导者”具有很多问题。他们所表述的个体领导者的形象，就是我们通常所熟悉的独自制订方向，实现结果，获取关注，并且承担所有责任的一类人。与这种个体领导者不同，他们提倡一种共同领导模式。在这种共同领导模式中，很多人都可以在适当时机上前肩负领导职责，随后又能退后担任追随者的角色。这与我们在本章开头讨论的即兴戏剧的案例很像。

> 集体的概念意味着大家都能肩负起领导角色。
>
> ——苏珊·祖巴肯（个人访谈，2015）

服务型领导的理念在理论和实践上与催化效应有很多相似之处。罗伯特·格林利夫（Robert K. Greenleaf）创立了服务型领导的理念，并把这一理念作为其理论思想的基础。“服务型领导是指服务优先……它源于人们乐于服务的天性。”（Greenleaf，1970）

格林利夫服务型领导研究中心主要致力于通过重点结合一些核心技能，把这项理念与方法应用到领导力研究中去。这些技能包括：聆听、同情、治愈、了解、说服、概念化、远见、管理、致力于他人的成长以及创建集体的能力。服务型领导的理念和布莱克与莫顿的理论相契合，它适用于那些把领导视为具有高度参与性而不是某种权威的人。服务型的领导针对的仍然是具有实际权力的领导者，而不是团队或企业中的领导角色。

在其他文化领域中，领导这一概念有着相似的意义和实践方式。它从来都不只意味着要身居前线。在印度尼西亚的爪哇文化中，虽然领导者可能拥有实际的头衔和权力，但他们可以“从前线”“从后方”以及“从中间”进行领导。（个人访谈，2016）作者对此引用最多的是爪哇的领导人物、作家基·哈杰尔·德旺塔拉（Ki Hajar Dewantara）。他的座右铭成为今日教育部成立的基础：“在前面的人应当树立榜样，中间的人应当培养精神，对后面的人应当给予鼓励。”

在商业环境中，必须要快速适应变化的市场形势和消费倾向，声田（Spotify）建构敏捷团队的唯一方法，就是要求团队成员在适当的时机肩负领导或追随的职责（Mankins & Garton, 2017）。声田是一家有着 12 年发展历史的音乐、视频与播客流媒体公司，拥有 3000 万付费用户，总收入达 30 亿美元。管控与协调的平衡是声田组织结果的核心所在。声田有超过 2000 名员工，他们被分配成不同的敏捷团队，也就是“小组”（squads）。小组具有自治性和功能交叉性。这种组织建构打破了传统的分级模式，走向敏捷团队模式。这种模式具有极好的重复性，能够实现团队的不断创新。它是如何运转的呢？自治小组的规模一般不超过 8 个人，每个小组有着特殊的任务与发展定位。这些小组由“部落”（tribes）分管，部落主要为小组工作提供沟通与支持，同时推进各个小组的学习发展。小组的领导由组内决定，主要负责小组的训练和指导工作，是小组的正式负责人。声田采用的是队员训练模式：团队领导者同时也是小组内的成员。由于这种结构以及小组和部落的基本工作方针，领导由小组内自主决定，并且这位领导者必须能够适应形势变化与团队调换中的角色变动，熟练地转换领导或追随的职能（Mankins & Garton, 2017）。

手术室中的领导与追随

设想你是外科手术团队中的一员，要为一位心脏病患者植入心脏起搏器。通常情况下，手术室中最有权威的指挥官是外科医生。但这并不意味着外科医生应当在整场手术中都冲锋陷阵。我们还要考虑手术室中其他两人的存在，他们需要明白自己的出场时机。一位是麻醉师。麻醉师主要负责安全地为病人注射麻醉剂。一旦病人被安全麻醉，麻醉师就退居配合辅助的地位。但是如果在病人在麻醉过程中出现状况，麻醉师就需要在手术进展中发挥更大作用，以确保病人的麻醉状态。

对于一场成功的心脏起搏器植入手术而言，手术团队中还有一个人也需要承担主导责任。这个人通常不是医院员工，而是心脏起搏器制造商方面的技术专家。这个人是负责心脏起搏器的操作运行的技术专家，他会待在手术室中，协助设备的安装。在手术过程中，他们大多时间扮演的是追随配合的角色。但是到了植入手术的关键环节时，这个技术专家可能需要担任引导角色，以保证设备的正确植入与正常运行。

交出会议的控制权，或者把自身工作中的某一部分移交他人负责，这种行为可以让我们获得必要的看问题视角。多数高层团队都会邀请顾问专家来负责战略规划进程等。这样一来，CEO 也成为团队的一员，需要听从顾问专家的领导。不必担心“下一步要做什么”，这是一种极有意义的工作方式，它让包括领导者在内的团队成员都可以后退一步，获取更宽的发展视野，从不同方面为团队发展做出更大贡献。

我们暂时不对团队的引导技能做更为深入的探讨，但说明其中一点就已足够，就是无论是会议的策划执行、篮球训练或者更衣室总结，还是舞台上新剧目的排演等，其具体引导方式对团队表现来说十分重要。对于一场高效的会议而言，开会的模式与方式早已完备。他们可以在任何特定时间决定由谁来领导或配合这场会议。催化者的 12 项能力是使这些引导方式得以有效发挥的基础。

小 结

在本章开头，贝丝为我们讲述了即兴戏剧是如何帮助她变得更为自信与成功的，即兴戏剧使她成为一位更加出色的催化型团队成员和领导者。

“随着大家不断推出自己的创意，即兴戏剧使我处在一个不安的环境中，我不知道接下来要发生什么，所以我才能从中学习和成长。我们互相尊重和信任彼此，这种尊重和信任让我们敢去冒险，让我们清楚自己会受到支持而不是批评。我们不断适时转换领导与配合的角色。”

催化型领导者就像是优秀的即兴戏剧演员。他们能够说服他人推进团队表现。他们满口生花，让大家对某种想法和愿景可以欣然接受，同时还在创意中注入激情，以此来充分激发大家的表现，并且适时地在团队中变换领导与追随的角色。

花点时间做些反思：

- 你适当使用“而且”而不是“但是”了吗？
- 你可以在团队内部与高层间的流畅转换吗？
- 你是否了解自己在领导与追随中的舒适区？作为领导者，你是否会觉得放不下架子，为别人执鞭随镫？你是那种不思进取，不愿承担领导职责的人吗？

- 你是否寻求和培养过在领导与追随方面的有效技能？
- 你是否放下了包袱，表现出了自己的诚意？
- 当遇到合适的领导或追随的时机时，你是否会开诚布公与上司或团队进行讨论？
- 在情况允许时，你是否会向上司解释追随的价值？

基石四：增强影响力

增强影响力：成功需要共同努力

催化行为协同合作，能够创造出更好的业绩。同时它还会增强个体和团队对结果的影响。无论是在商业、体育还是艺术行业，卓越的团队都会以影响为重。这种影响可能是经济效益、比赛得分和胜数，也可能是舞台上的震撼演出。

企业在增强影响力方面的努力一般被嵌入团队或企业的发展历程之中，成为企业文化的构成部分。我们如何才能坚定地推进目标发展，实现卓越？谁能够成功地培养和指导发挥我们的无限潜力？何种信念能够激发创意，维持企业的成功发展？

> 如果你想在大事上实现卓越，就要在小事中培养习惯。卓越并不是一种例外，而是一种普遍的态度。
>
> ——科林·鲍威尔《科林·鲍威尔的领导秘密》，2002

目前为止，我们已经谈论了催化能力的三项基石：建立诚信、创造凝聚力和激发动力。每项基石又包含三种能够培养专注、激励发展的行为能力。你的技能栏里有这些能力了吗？如果具备这些能力的话，无论在团队中当权与否，在增强自身影响力方面，你都居于有利位置。

掌握第四项基石中的这些技能，尤其当需要提升团队绩效时，能够增强个人稳健与急迫性（必要时）的领导能力。

- 追求卓越；
- 培养和训练他人更加出色；
- 提出创意性解决方案。

10
臻于卓越

定　　义：彰显广阔的知识和能力，支持他人的出色表现。

反向行为：接受平庸，窃取他人利益，沽名钓誉。

实现卓越

“疯狂三月”（March Madness）的硬木地板上造就了篮球传奇。在这场美国大学篮球锦标赛中，场上场下的出色表现都将赢得喝彩。

我们主要关注以下两个问题：如何能够精益求精，臻于卓越？在自身和团队的每一次表现中都发挥出色？

直到 2009 年的四强赛以前，NCAA 男子篮球锦标赛一直在传统场馆举行，一般是篮球场馆或者室内体育馆中的封闭场馆，可以容纳 30000 ~ 40000 个的观众席位。汤姆 · 杰恩斯塔特（Tom Jernstedt）已经负责了 38 年的比赛运营。据他所言，比赛的门票一直非常紧张，很难满足粉丝们如此巨大的席位需求，特别是半决赛和总决赛更是供不应求。为了增强比赛的影响力，适应如此惊人的观众需求量，他们决定打破观众席位的传统配置方式。

在 2009 年的比赛中，为了推进 NCAA 的发展，甲级联赛委员会打破思维惯式，把四强赛的场地设置在一个穹顶式开放体育场中。赛场布置方案包括在赛场附近增加 20000 个席位，开放半封闭场馆中封锁的永久席位，这样就使比赛的上座率翻倍。这种全新方式的有效性至关重要，尤其对比赛的主办城市底特律而言。这座城市当时正处于困难时期，亟需比赛来刺激城市经济发展。更为重要的是，密歇根与底特律的人们想要通过这场大规模赛事为集体、大学篮球和优秀品质喝彩。

1979 年，密歇根与印第安纳在盐湖城进行 NCAA 甲级联赛的对决，拉里·伯德（Larry Bird）和魔术师约翰逊（Magic Johnson）的会师是这场比赛的看点。这是体育界值得铭记的重要时刻。当时很多人认为伯德是史上最佳大学球员之一，而同时，魔法师约翰逊作为身高 215 厘米的控球后卫，通过领导力和个人魅力，把密歇根队带领得极为出色。（密歇根队的粉丝在看到这个故事时，一定会忆起他们赢得的这场胜利。）

2009 年 4 月，在底特律城，约翰逊和伯德又被邀请回来为 NCAA 做开球嘉宾。72922 人聚集在福特体育场，对粉丝、学生球员、员工以及当地人来说，这是一段值得铭记的经历。北卡罗来纳大学与密歇根州立大学将要在此上演巅峰对决。

对于底特律的很多观众以及 NCAA 的员工来说，他们对这场大型赛事的支持是完全出于自愿：他们能够成功举办这场比赛吗？他们对所做的一切满怀骄傲。考虑到比赛的规模之大，NCAA 的员工和底特律本地组委会呈现出最佳团队表现，使比赛得以顺利进行。直至今天，2009 年的这场四强赛仍被看作是未来 NCAA 男子篮球锦标赛的发展方向。

2017 年，当时 NCAA 的两名工作人员李·迪克里奇与汤姆·杰恩斯塔特从另一种角度为我们讲述了这场比赛的影响。迪克里奇当时是首次担任 NCAA 的人力副总监，杰恩斯塔特作为 NCAA 的副主席则一步步见证了比赛的发展壮大。NCAA 是目前世界上少有的顶级赛事之一。他们向我们描述了当时团队为了全力把比赛做到最好，冒险增加了观众席位的情况。随着赞助商、门票收入的增加，最重要的是学生运动员和每位粉丝的体验都提升到更高的水准，比赛的经济收益也在不断增长。

直至今日，“疯狂三月”始终洋溢着大家对大学篮球赛的热情。这场比赛与世界上所有的传统年度赛事都不一样。有上千名运动员、大学职员、NCAA 人员、企业赞助商以及全美 13 个城市的协办方加入到这场比赛中来。毫无疑问最终四强赛会成为年度大型体育赛事中最耀眼的明星：篮球传奇从这里产生，失败者常常会东山再起，最终时刻的出其不意能够决定胜负成败，大学篮球的粉丝们共聚一堂为球队呐喊助威，催化者也从这里被发现！

承办世界大型体育赛事是个不小的挑战。

NCAA 男篮锦标赛最终四强赛的挑战就是要不断提升每年的比赛水准，激发所有参与人员发挥出最佳表现——这也是催化效应的核心所在。

NCAA 男篮锦标赛的发展有两项重要的支撑因素：

1. 这是首项以学生运动员和学生组织参与为主的赛事；
2. 赛事优秀，并且能够不断追求完善！

这些因素是激发每位赛事参与者臻于卓越的动力所在，也是我们在本章所要探讨的内容。

2014 年 NCAA 团队的激励措施

在对杰恩斯塔特和迪克里奇的访谈中，我们发现每年参与

NCAA 比赛运行的人员是一个具有极强能力和竞争力的组织团队。他们能够充分发挥才能，使比赛呈现出最高水平。领导他们可不像是指导高水平运动员团队那样，所以最大的挑战是要在团结协作的过程中激发出每个人的能量和竞争优势，提升团队表现。这就是团队中那些黏合剂角色要做的工作。他们要让团队成员们时刻清楚地认识到团队工作的对象是学生运动员，大家的工作是为他们服务的，进而以实现个人动力的平衡发展。

作为团队的领导者，杰恩斯塔特不断激发这种动力。作为一个非常重视细节正确性的人，他以尽善尽美的工作作风为员工们做出了表率。

> 疯狂三月！最终四强！怎么举办？何时开始？汤姆·杰恩斯塔特就是这些问题的答案。经过近40年的努力耕耘，汤姆以催化型的领导风格把男子大学篮球比赛缔造成了体育界的顶级赛事。感谢上帝！汤姆和这项伟大的赛事是最亲密的伙伴！
>
> ——迈克·沙舍夫斯基（Mike Krzyzewski）

30 多年中杰恩斯塔特为 NCAA 订立了高标准。NCAA 既体现了大家对疯狂三月这项传统的崇敬与尊重，也蕴含着那些倾力付出的球员与教练的投入与出色表现。NCAA 员工的目标很明确，就是每年不断提升发展赛事水平。团队目标一旦明确，个人的工作职责就要接受评估，并且根据情况需求不断做出调整。团队中的每个人都要对别人寄予最大期望，成员间相互依赖和信任，保证呈现出高水平的工作表现。

大多数人都不喜欢开会，这已经是老生常谈。他们觉得开会完全是在浪费时间和精力。但大型企业组织比如 NCAA 通常会十分重视开会，会议是他们的一项例行工作。正如李·迪克里奇所说：“团队非常清楚，开会可以让我们深入探究很多细节问题，这样才能保证所有事情都能够配合默契。只有高质量完成每项任务，才能推进这项比赛的不断发展完善。团队会议中的讨论经常是非常坦率直接的，并且事无巨细。汤姆和其他团队高层会引导我们关注主要的细节问题，并且对比赛给予了广泛的期许，他们相信未来我们能够把这项赛事提升到更高的水平。”

为了臻于至善，他们绝不能浪费每一分精力。无论何时谁需要帮助，总会有人施以援手。从副总裁到实习生，整个团队都毫无保留地相互给予最大期许。

他们在努力追求卓越！

什么是卓越?

你可能认识这样一类人，他们只认可优秀的绩效或业绩。从 NCAA 的案例中，我们也可以看到，团队的成员对自身和同事的工作表现一心追求卓越。臻于至善的品质同时也是一种催化能力，我们的许多受访者都提到了这一点。无论他们的角色是在舞台上表演，在场馆中比赛，还是在会议室中探讨解决方案，这些受访者一致强调表示个体的优秀十分重要。

在团队表现层面上，汤姆·彼得斯（Tom Peters）和罗伯特·沃特曼（Robert Waterman）在《追求卓越》（*In Search of Excellence*，1982）一书中为我们呈现一批追求和实现卓越的公司类型。他们指出这类公司具有 8 个共同特点：

1. 崇尚行动：快速决定决策和解决问题，避免官僚式管控；
2. 贴近客户：了解服务对象的需求；

3. 自主创业：培养创新精神，自主孵化人才；

4. 以人为本：把员工们视为公司的优质财富资源；

5. 价值驱动：以价值驱动式管理理念指导日常实践工作，管理体现投入；

6. 坚持本业：待在你了解的领域；

7. 精兵简政：一些最优秀的公司拥有极少的管理人员；

8. 宽严并济：工作行动自主权与核心价值观相结合。

20 年后，一项研究将彼得斯与沃特曼的书中举证的公司收益变化与道琼斯指数（Dow Jones Industrial Average，DJIA）进行了对照。1982 年，“卓越公司”名单上的 43 家公司如果投资 10000 美元，在 2002 年可以收益 140050 美元，同样的投资按照道琼斯指数只能收益 85500 美元。

彼得斯和沃特曼所做工作的重要性在于对公司真实卓越程度的关注。他们激起的对最佳实践方式的分析直到今日仍具有广泛影响。同时还有许多未解之谜，体育或商业团队如何才能成为行业佼佼者，点睛之笔到底是什么？

对组织卓越性的认识与衡量

催化者重视团队的卓越性，他们清楚团队能够实现卓越的原因和方式。了解了卓越的实现条件，他们就可以发挥个人才智，激发团队动力以实现卓越。

评估组织卓越性的一种方法是布德里奇美国国家质量奖（Malcolm Baldrige Criteria and Award）。“表现卓越”网站曾经发布了一篇名为“布德里奇体系与价值系统”的文章，文章指出“布德里奇标准提供了一套组织管理与核心进程的透视系统，使组织能够在追求卓越表现的同时取得预期成果。”布德里奇标准为管理整个组织、分支进而取得成功提供了一个体系框架。这是一套十分重要的评估标准，那些目光睿智的领导者都可以自由采用这套标准。布德里奇标准在提升组织的创新力、竞争力与持久力方面有三项重要作用：

1. 有助于提升组织表现的实践、能力与结果；
2. 以最好的方式推进各类组织间的信息交流与共享；
3. 是了解与管理绩效，引导组织计划与学习机会的一项组织工作工具。

布德里奇标准适用于所有企业组织，而不仅限于最初采用的制造行业。布德里奇标准的价值观与理念中蕴含着一切卓越高效的行业组织中所共有的信念与行为方式。在其框架体系中整合了一些核心的绩效标准，无论是商业、艺术还是体育行业都可以适用。布德里奇标准包含一些特殊的核定指标，为工作中的行动和反馈提供了基础参考。

- 远见领导力；
- 贴近客户；
- 组织与个人学习；
- 对待工作员工与合作方的态度；
- 灵活性；
- 关注未来；
- 管理创新；
- 实际管理方式；
- 社会责任感；

- 务实创造价值；
- 系统观念。

我们鼓励大家积极尝试布德里奇的体系标准，探索如何能够把这些评定标准应用到各自的组织中来。

当我们在组织与个人特点层面思考卓越性时，要谨记快节奏、高绩效的组织一定具有最好的组织实践方式。这些方式能够应用于乐团的排练与演出、客户服务、教育或生产领域。

卓越性个体

想要更好地了解个体卓越性的原因，重要的是要清楚追求卓越的动力所在。其中有两项品质十分重要：专注与热情。

专　注

专注，就是全身心投入于当下。专注是表现出色的关键所在。

克里斯汀·雷斯博士（Kristen Race）认为“正念有助于锻炼大脑的前额皮质，前额皮质可以让人产生平静或警觉的意识状态，让我们保持专注，避免分心，表现出色”（Yu，2014）。“正念是缓解大脑应激反应的最佳方式之一，它可以让我们清醒地观察自己的思想与情感”（Yu，2014）。

专注能够实现卓越，因为专注能够把一个人的所有能力凝聚在一项技能、任务或者目标之上，并且能够持续。戈尔曼（Goleman）在关于专注的著作中指出，任务专注力是一项未受充分重视的技能，有助于创造出优秀成果（Goleman，2013）。他同时指出这是一项正在消失的能力。他观察到社交媒体与移动设备转移了大多数人的注意力，让我们不再思考。

是否如戈尔曼所说，我们的培养方式使孩子缺乏专注力？

我们的一位作者最近观看了一场儿童舞蹈表演。观众席上一个大约6岁的男孩坐在妈妈的腿上，抱着一个平板电脑，戴着头戴式耳机正在看动画片。也许因为我们没有察觉而有些情有可原，但问题是尽管这场演出分为两部分，每部分45分钟，中间有10分钟的休息时间，这个男孩始终无心专注于观看表演。这是其他小朋友的表演，其中很多小朋友他还可能认识，他们正在台上闪闪发亮，用心舞蹈。看视频的男孩旁边坐的是两位大人，他们正在手机上玩四子棋。

我们的专注时间真的如此之短吗？可以简单地做个测试：在看这本书或这一章时，你有几次中途停下来去看新邮件或短信了？

热情与投入

对事业怀有热情的人会全身心投入到工作中去。很多人认为那些成功音乐家的成就几乎是天才造就的结果。然而，科学家们经过专业研究（Ericsson，2006）发现，类似本书中提到的这些个体之所以能够取得巨大成就，是因为他们数年持之以恒地坚持严格规范的练习，磨砻淬励，精益求精。我们的确常常会忽视成功者在事业上付出的艰苦努力，成功往往需要十年磨一剑。

当一个人对事业全身心投入，有条不紊，精益求精时，自然就能出类拔萃。在对音乐专业学生的研究中，艾利克森及其研究团队花费了大量的精力考查学生是如何学习演奏乐器的（Ericsson，2006；Ericsson，Krampe，& Tesch – Römer，1993）。他们对各种乐器演奏技能进行了考查，最终认为刻意练习是音乐家实现卓越成就的关键所在。通过进一步的分析发现，在既定的身体素质基础上，一个人需要花费至少10000个小时才能成为专家（Ericsson，Prietula，& Cokely, 2007）。事实上乐团中所有的音乐家在很小的时候就开始学习乐器了。从小学一直到现在，出色的演奏就是他们的心之所系与生活的全部重心。

换句话说，用10000个小时打高尔夫或者写代码并不能成为大师。这些时间必须投入到刻意专注的技能培养中去。《纽约时报》上就刊出了一个刻意练习而成就大师的故事。很多人都听说过单脚站立，这句俗语的意思是要增加事情的难度。但对这个故事而言，这句话不仅仅是一句俗语。在2017年NBA总决赛的第二节比赛中，一位作者这样描述凯文·杜兰特（Kevin Durant）的表现：

> 在距离篮筐大约18英尺远处，金州勇士队的新晋球星杜兰特用一只脚稳住平衡，从助攻那里拿到球，紧接着单脚投篮得分。杜兰特的篮下命中率高达80%。
>
> ——鲍威尔（Powell, 2017）

如果不是NBA球员的话，即使站在10英尺远的位置，用传统的双手投球，双脚起跳，也很难达到80%的命中率。而凯文·杜兰特要站在18英尺外单脚达到这个效果，这就是他对卓越的追求。

在对克利夫兰骑士队占据绝对优势后，杜兰特至少有两次投篮都是单脚落地。一次是对方球员拦在他的腰部。解说当时完全无法相信这种近乎不可能的投球可以得分。他们大概没有意识到杜兰特的表现并不仅仅是上千小时的传统投球训练的结果，杜兰特同时还训练并且掌握了单脚投球的技术。虽然我们很难想象在对方拦腰防守的情况下，他竟然还能单脚投球得分。

对于一个音乐家来说，追求卓越意味着全身心投入于当下。我们采访了印第安纳波利斯交响乐团的一些成员，他们在台上全神贯注地沉浸在演奏中，甚至会达到一种物我两忘的境界。乐团的配合浑然天成。“指挥让我们恰好处在忘我的边缘，大家仍然紧密相连。如果我们知道听众和我们一样，同样在聚精会神地感受着音乐，这就是对我们的最大奖励。”

热情与坚毅

你能有多坚毅？安吉拉·达克沃斯（Angela Duckworth）主要专注于对卓越表现与成功的研究。资质与能力相同，为什么有人能够取得超出常人的成就？安吉拉对此做了重点研究。她指出在长期目标中，热情与坚韧不拔的进取精神尤为重要。

安吉拉对卓越与完美进行了对比。她指出坚毅的人不需要实现完美，而是会追求卓越（Duckworth，2016）。二者的差异看起来可能十分微妙，但的确是有所不同。

完美可以被视为卓越的近亲。完美意味着绝不妥协退让。这就导致完美可能会成为实现卓越的阻碍因素而不是有利条件。另一方面，卓越是对最高水平的不懈追求。追求卓越并不是终局博弈，它显露在实现目标的方式之中。它具有包容性，甚至会把失败与缺陷看作是不断发展完善的必要条件。追求卓越允许犯错，让我们可以从失败中吸取教训，使进步高于完美。

> 我只是努力把球打好，努力拼搏到教练不会让我下场。
>
> ——肖恩·巴蒂尔

达克沃斯还指出，具有高度自制力，从来不会超越底线的人

（他们可能太过担心犯错）可能会因为不愿冒险改进，而无法与那些相对灵活并且充满激情的同事们达到同样的高度。她认为追求卓越比单纯的排练或练习更为重要。

成功人士与同样耗费大量精力的人的另一个区别在于：练习必须要有目标。这就是长期目标的作用所在，它为我们提供了一个行为框架，使我们能知道自己长期奋斗的意义何在，这样有利于我们能够持之以恒，保持每天都有进步，最终实现卓越。

世上无难事，只怕有心人！

小　结

如果我们能把看电视、上微博那样的心思用在练习上，或许成为大师指日可待。认为“大多数人只是没时间学习技能”这样的观点是有问题的。它忽视了学习的动机、规范还有对学习方式的认识。扪心自问，你从社交媒体和娱乐节目中学到了什么？它们让你离目标更近了吗？如果能抽出其中一些时间用在努力奋斗上，你可能已经走多远了？如果想要出类拔萃，就要专注于自身和所属的团队，坚持严谨的行为规范。作为催化型领导者，你可以不断寻求策略，维持团队的动力与专注力，推进团队实现卓越。

世上无难事，只怕有心人！练习通常会很艰苦：需要保持专注、热情与精力。要想成为大师，必须要进行有计划的练习（可能要花费 10000 个小时！）改变往往是循序渐进发生的。练习可以测试出我们的肌肉与大脑极限，对大多数人来说，练习 4 个小时就像跑一场马拉松了。

我们可以借用达克沃斯的“困难任务规定”（“Hard Thing

Rule”, 2016)。简单来讲，这样规定有三项内容“第一，团队或家庭中的每个人必须要选择学习一些新东西；第二，如果觉得不喜欢或者太过困难，可以选择不学，但一旦选择开始，必须完成任务，不能中途放弃，也不能哪天仅仅由于心情不好就不学了；第三，只有本人才能对困难进行选择，这样可以打消别人替你选择的念头”(Duckworth，2016，pp. 241 –242)。

选定困难，积极尝试，不断进步，快乐学习。

花点时间做些反思：

- 你是否决心成为追求卓越、渴望学习的人？
- 你是否清楚自身行业或目前工作中的优秀标准，谁是个中典范，他是怎么做到的？
- 一天的主要时间是否专注于工作，不被打扰？
- 是否可以确定两项已经掌握且想要提升的技能？为提升技能制定量化目标。
- 是否可以确定两项尚未掌握且想要学习的技能？用接下来的几个月时间逐一学习掌握。
- 是否能够寻求他人的帮助，掌握具体的练习技巧，督促自身能够持之以恒？

11
指导他人超越不凡

定　　义： 做出行为示范，提供建设性意见，鼓励他人的个人与职业发展。

反向行为： 自私自利，不愿与他人分享知识和技术，不能传递所学，不想金针度人。

一位积极进取的护士

詹妮（Jenny）：一位年轻的精神科护士

露丝（Ruth）：詹妮所在科室的主管

萨尔（Sal）：詹妮的医院导师

埃文（Evan）：詹妮的职业领导教练

主管、导师以及教练的角色是不同的。对于成长中的领导者来说，三者对其催化技能的培养都很重要。这三种角色有时会有重复，但是在詹妮的案例中，能够在职业中与各司其职的三个人建立关系对她来说是一次十分珍贵的机会。露丝是一位精干的科室主管，萨尔是一位出色的导师，露丝没有作为导师的热情与耐心，萨尔则缺乏技术与客观性，无法以非常专业严谨的方式培养詹妮的专业技能。而作为职业领导教练，埃文的引导对詹妮的职业发展与成功来说至关重要。

詹妮回忆了自己的早期护士生涯，当时她希望升职为管理人员：

> 当时我27岁，几个月前刚刚成为一名注册护士。我已经拿到了职业护士执照，并且拥有3~4年的工作经验，所以我觉得自己完全可以应聘我所在精神病科室的副主管职位。我焦急等待着选拔小组的决定。结果我没应聘上，他们推选了我的一位同事。这让我反思了很多天，我的技能到底还有哪些不足？选上的那个人比我缺乏工作经验，但选拔小组从他身上看到了一些我所没有的东西，这到底是什么呢？
>
> 幸运的是，我们的科室主管露丝请我去她办公室，想要谈谈我的失望，她准确地猜测到了我的沮丧与困惑情绪。露丝对我坦诚相待，她首先向我阐述了这项职位的要求以及另一位候选者的能力。有些出乎我意料的是，她还针对我的技术和能力的不足之处，做了三点有针对性的反馈。第一，副主管需要有处理问题的能力，有时要和科室中资历较长的护士进行一些争议性的沟通，这些人往往比我年长很多，选拔小组觉得我在处理这些事情上可能会不够积极主动。第二，这个岗位要求能使用科室的软件系统来制订工作计划，我的专业技术很好，但没有积极参加过早先有关这方面的培训项目。第三，选拔小组认为另一位候选人具有更强的领导气质，我对此有些困惑，并且觉得有点受打击，这听起来像是个人批评。当我问露丝他们到底是什么意思时，她很快表示这并不是有意冒犯（她注意到了我的反应），她会向我解释我的哪些行为让她有这样的结论。她想

试着做更多具体的解释，但她的解释有些离题，没能给我提供比较有效的信息。露丝主要想说的就是另一个人行事更有领导风范。作为一个好胜心强的人，我要努力弄清楚自己哪些地方需要完善，我的不足在哪儿，然后采取必要措施进行改进。

管理与监督

针对詹妮的落选，露丝为她提供了很有价值的反馈和意见。在这个阶段，露丝虽然对詹妮的工作进行了极好的管理与监督，但是针对领导气质这个模糊的概念，她却不能为詹妮提供更多的意见。她只是在复述选拔小组的意见。事实上，选拔小组和露丝都没有明确地指出到底是哪些行为体现出了副主管这个职位所必备的领导才能。他们也没有指出作为医院的有力领导者，需要具备哪些具体的催化能力，如何进行具体的工作实践。

指　导

那场谈话开始进行得有些艰难，但谈话结束前露丝还做了一些事情，而这些或许改变了詹妮的职业发展进程。露丝建议詹妮找一位导师会对她很有帮助。导师可以为詹妮提供一些结构化的信息，同时可以为她在医院的职业发展之路给出一些有用的意见，他清楚如何帮助詹妮在医院系统中培养领导能力或管理者风范。导师是她在困惑时的坚实后盾，也能够在追求成功的路上为她加油鼓劲。萨尔就是詹妮的导师。萨尔有着多年积累的丰富阅历，48 岁时她决定走出管理中层，回到最直接的患者服务与援助工作中来。萨尔在詹妮的工作中充当着亲密战友的角色，她是詹妮职业发展与晋升的领航者，是詹妮的顾问，为詹妮提出可以信赖的人选，对詹妮在什么时候推进工作进程提出建议。她还会让詹妮清楚谁是良好的工作表现和持续有效改进方法的有力支持者。

两年前萨尔从中层管理者的职位上退了下来，因为她觉得监管工作压力太大。此外，作为外婆，晚上和周末她还要抽出时间帮女儿照看孩子。组织上非常认可和看重萨尔乐于助人的品质。在她55岁的退休欢送会上，她被授予“十年导师”荣誉奖，以表彰这些年来她对大家的支持与帮助。萨尔是催化能力的优秀典范，她的情感沟通能力、无私奉献以及提升他人表现和激励落后学员的精神尤为值得学习。大家从她的言传身教中受益良多。

教　练

露丝给詹妮提的另一个建议是寻找一位专业的领导力教练。埃文曾经是露丝的教练，他在露丝的职业发展中起了重要作用。露丝觉得詹妮也能从他那里得到很多帮助。

露丝把埃文的联系方式提供给了詹妮。露丝鼓励詹妮去见见他，找出自身职业技能中的缺口和不足。对詹妮来说，想要从一名长期从事专业精神病科室的护士成长为管理者，这也是一个处理职业问题的机会。埃文并不在医院系统工作，但他对医疗系统和重要的领导者都非常了解。在他的帮助下，詹妮完成了两项评估，：一项是人格特征，另一项是冲突管理模式。这两项评估让她对自身以及内在人格有了更为全面的认识。教练还征求了露丝和萨尔的意见，考察了哪些技能的提升有利于詹妮的职业发展。这项技能提升的外部投入极有价值，因为埃文的评估指标中很多就是我们所认为的催化型能力和行为。

根据已经掌握的信息，詹妮和埃文制订了为期 12 个月的具体发展实施计划。计划包括软件系统技能培训、沟通技巧与冲突管理培训以及为期 10 天的女性职业成就与领导艺术培训。

詹妮：现状反思

这些年来，在露丝的职位晋升过程中，她始终对詹妮的个人发展计划和工作给予支持。她使医院的管理高层注意到了詹妮，他们认为詹妮非常具有潜力，未来能够成功胜任更具挑战性的领导职位。

詹妮拥有基础的团队催化技能以及强大的求知欲：她具有极强的受教性。詹妮具有出色的沟通技巧、乐观精神、与周围同事的情感沟通能力、无私精神以及追求卓越、玉汝于成的投入精神。萨尔负责事业引导，埃尔使詹妮的冲突管理与组织能力得到提升，露丝对詹妮的事业发展给予一以贯之的支持，在他们的帮助下，詹妮进入了快速成长阶段。

詹妮的事业一路飙升，并最终成了医院的副主席。

反思一下自己的个人和职业发展进程，你大概也会想到对自己产生过积极深入影响的一个或几个人。或许当别人不管不问时，他们却对你青睐有加；或许他们为你指出了一些应当抓住积极发展的个人才能；或许他们在困难时期成为你的避风港；或许他们为你指点迷津，让你能够转变思维，豁然开朗。

在阅读本章时，请你反思一下你的生活是否曾因某位导师或教练而发生改变？想一想其中的具体细节，他们是如何影响你的？哪些话对你起了作用？他们的影响是如何激励你成长的？

指导培训的技能融合了我们前文提到的多项素质能力——为了对他人进行有效的指导，你需要掌握其中的很多或大部分技能。

如何成为优秀的导师或教练?

虽然并不是所有的催化能力都需要其他能力的辅助，但指导能力的确如此。我们的意思是指导能力需要建立在对其他能力的熟练掌握基础上，只有这样才能发挥最大作用。

我们在之前章节中提到的两项能力与指导能力具有直接有效的关系，即情感沟通与产生信任的能力（Chun，Litzky，Sosik，Bechtold，& Godshalk，2010）。

只有当导师或教练对员工或团队成员的心态、感受和顾虑等有了正确认识，与他们建立成功关系时，他们的培训指导才能起作用。首先，导师或教练的首要任务是了解对方的认知标准和思维方式，与此同时双方建立一种开放、信任的关系。

通常培训任务是由具有专业技能的上司或同事来完成的。就本质而言，当老板或同事承担教练的角色时，二者的关系与职业教练与学员的关系是不同的，但无论是职业教练，还是企业中非正式的指导或培训，二者采用的基本方法大体是相似的。其主要区别在于专业教练的目的、评估的全面性、会面流程以及费用等。

成功的指导训练关系有很多共同点：它们都建立在态度缓和、具有鼓励性的初步对话基础上。其关系的建立需要掌握出色提问、阐明设想、完整表述、认真倾听谈话内容、观察谈话中的情绪感受、建设性地探索和挑战以及善解人意地分享等一系列技巧。正如上文所提到的，对我们之前阐述的几项催化能力的掌握十分重要。

如何从一位出色的教练或导师那里受益最多呢？这需要你抱着开放认真的态度投入到这项关系中来，要与教练或导师进行明确有效的沟通和联系。

一位视觉艺术公司的负责人在采访中向我们谈道，“无论是从员工到老板，还是从老板到员工，我提倡团队内部的互相指导帮助。我有一个畅所欲言的团队。如果他们觉得对我有帮助，也会对我不吝赐教。我称之为上行指导。”（个人访谈，2015）她十分重视员工的参与投入。作为团队主管，她明白别人的能力和经验可能更能让她发展受益。

老板同时也需要畅所欲言的团队。你能肩负起这样的重要角色，对老板、教练或者团队领导直言切谏吗？在被问及意见或者发现了提升价值的空间时，你能做到坦率直言吗？你会如何切入主题？无论对方是普通同事还是上司，如何能够成为他的好导师或好教练？

> 要成为一位导师，一位真正有效的导师，必须投入关注。你不需要知道爱达荷的面积有多大，不需要清楚化学品、血液或者水的化学成分。专注所学，关心对方。把注意力放在自身专业和你要传道授业的人身上。
>
> ——玛雅·安吉罗
>
> （https：//sites. sph. harvard. edu/wmy/celebrities/maya－angelou/）

指导与培训的具体实践

“女性视野”（InHerSight）是一家非营利机构，我们以它为案例来看一看培训/指导机制的强大作用。这家机构的主要任务是关注职场女性的工作环境与发展机遇。

“女性视野”考核企业的核心标准就是看企业中是否设有培训项目。从他们收集的培训数据中可以清晰地看出良好的培训与工作满意度的关系。同时，他们还指出优秀的培训项目可以降低失误率。

在网速（NetSuite）、贝宝（PayPal）等具有优质培训机制的公司中，员工们非常热衷于接受培训，很多公司也在不断拓展完善其培训机制（引自“女性视野”，《快速公司》）。

虽然对指导培训的研究会涉及培训质量、说明以及条件等很多方面，但这些指导培训无疑都被看作是提升个人技能水平的一般有效方式。大部分的研究工作都集中于非正式关系。既然这项工作已经被记录下来，公司就会快速开展正式的培训项目，以此作为拓展和加速发展关系作用的方式（Weinberg & Lankau，2011）。

训练的重点从来都不是教练，而是受训个体。

——培根，沃斯《适应式培训》（*Adaptive Coaching*，2012）

对我们而言，非正式培训才是关注的重点，我们坚持对这方面的强调基于两个原因。第一，我们坚信催化型领导者在方方面面都能够发挥出领导作用。在正规培训项目中，你或许由于年轻，缺乏经验资历，或者手下管辖的人员较少，因此并没有被考虑担任教练或导师的角色。企业在开展正规培训项目时经常会陷入窠臼，他们总会选那些长期做领导的人担任教练。这些人资历老，声望高。而你可能和他们迥然不同，因此或许连参加培训项目的资格都没有。如果有机会的话，也更可能是参加受训。清醒一些，如果你的公司给了你一次被高管培训的机会，一定要抓住！参加受训并不意味着你没有培训或指导别人的能力。

我们坚决鼓励在正式培训项目外寻求指导角色的另一个原因是，一些学者认为，非正式的教练或导师项目比正式项目更为有效（Chao，Walz，& Gardner，1992）。或许是因为非正式行动能够更为有机自主地发展，教练和受训者之间的契合度更好，双方对目标的投入度也会更高。同时正规培训项目会让一些高管来担任指导，但这往往忽视了一点，就是这些人的时间非常有限，结果培训就很可能成为高管对受训者的另一种管理罢了。

随着对训练指导能力的重视，高管培训不再成为唯一的选择。《训练与指导：如何培养顶级人才，实现更高绩效》是《哈佛商业评论》最近推荐的一本著作。这本书主要讲的是员工间的相互指导行为，无论是独立行动，还是与具有导师潜质的更高层人员的合作，这些指导行为都极为有效。这种多重指导方式被看作是网络导师模式，目前在企业中非常流行。该书已经认识到具有全面的技术能力和必要经验的导师并不多。

指导与培训的区别

或许大家会觉得指导和培训很像或者完全是同一回事。事实并非如此。《管理导师》（*Management Mentors*）一书指出了二者的几点不同之处：

1. 培训更注重任务。培训针对的通常都是一些具体的问题，诸如更有效地管理冲突，或者是学习如何制订战略计划。这就要求导师必须有能力帮助对方培养这些技能。

指导更注重关系。指导为学员提供了一个安全的氛围，学员能够坦率直言影响职业和个人成功的问题。虽然具体的学习目标或职业素质可以成为构建关系的基础，但除了这些方面指导还会关注工作与生活的平衡、自信、自我认知以及个体对职业的影响方式。

2. 培训是短期的。教练可以在较短时间内成功与对方建立关系，培训内容甚至可能只是一些谈话。培训时间按需分配，具体长短取决于培训关系的目标需求。

指导是长期的。参与者能够在指导期间建立信任关系，学有所得。员工可以没有负担地分享自身的实际问题。成功的导师关系可以旷日持久，累月经年。

3. 培训注重绩效。培训的目的是为了提升个人工作绩效。其中既包括对当前水平的提升，也包括对新技能的培养。

指导注重发展。指导的目的不仅注重于当前工作中的个人发展，而且关注个人在组织中的未来角色发展。导师可以在个人发展导向及职业晋升发展中起到帮助作用。

4. 在培训过程中，员工的直接负责人是其重要的合作者与支持者。他/她可以时常向教练反馈员工的成长进步情况。教练利用这些反馈信息评估培训进展，以便开展接下来的培训工作。

在指导过程中，员工的直接主管参与较少。虽然他/她可能在合理采用指导经验方面提供一些建议，或者把员工推荐给审核小组，为他找到合适的导师，但主管通常不会与导师有直接联系，或者从导师那里得到反馈。

何时提供培训

- 员工在新岗位的必要技能培养方面需要帮助时；
- 个体遇到前所未有的挑战或者全新的职位，需要积极准备时；
- 员工表现不如预期，需要帮助他/她分析原因，寻求方法，缩小当前与预期技能发挥的差距时；
- 需要帮助领导者掌握附加技能，拓展责任范围时；
- 潜质优秀的新任领导者需要快速培养管理技能时；
- 在特定知识技能的转化方面，组织中的老员工需要为年轻员工提供指导时。

何时给予指导

- 特殊员工群体能够受益于一些不成文的规定或发展机制；
- 新员工或团队成员需要奋起直追、成功跟进；
- 私下的支持有助于建立信任，增进关系。

英特尔的导师机制

英特尔曾经是创建导师机制的领头羊。英特尔选择导师不是按职务名称或者从业年限，而是依据学员的职业需求。它超越了一般组织项目中员工（尤其是高潜质人才）职业发展的惯常培养模式，关注需要学习的内容，而不是导师名目。

英特尔（新墨西哥）的导师制像《快速公司》文章中所报道的那样，它并不是为某些人特殊定制的导师项目（Warner，2002），也不是面对面或者一对一进行的全新导师模式。相反，英特尔是利用公司内网和邮箱进行关系配对，从而可以跨越州界和国别限制。这种方式有利于全面开展实施，使英特尔能够快速在整个公司内部广泛建立重要关系。为了保证导师制的迅速有效，英特尔制定了书面协议与严格的底线标准。这个项目的成功直接关系到对新一代员工的知识传授。

英特尔此前的导师项目没能取得预期的满意效果，而这种“网络导师制”却做到了完美契合，其原因正是因为它适应了科技产业的快节奏变化，将范围定位于大多数员工的指导需求，而并不局限于少数的高潜质人才或者必要人群。

一旦配对完成，系统会自动发送一封邮件给导师，要求其确定对话时间。导师与学员还会收到一些指导二者关系发展的基础指南（Warner，2002）。

1. 学员掌控二者关系。会面以及指导内容都是由学员而不是导师来确定。从英特尔的实施情况来看，指导关系维持在6~9个月成效最好。

2. 指导计划写入指导协议。在没有关系绑定的情况下，书面协议远远比传统指导关系更能产生责任感。

3. 学员与导师共同决定讨论内容。一旦越界，坦诚与隐私也就没有了。行为规范由学员和导师共同制定，项目主管并不参与。这样可以摆脱束缚，私下自由设想发挥，可以在技术问题、关系重点、学员的未来工作机会以及其他任何重要事项方面打开不同的思考纬度。

与很多公司的导师项目不同，英特尔的导师制不是为了职业晋升，而是为了让员工从那些或许从未谋面的人那里学习经验，这个人或许是其他部门的同事，也可能是一些高素质专业人员，他们可以通过短信或邮件进行联系沟通。此外，从工厂车间的工人到高级工程师和管理人员都可以参与，英特尔的导师制是面向所有人开放的。

对传承回馈者的嘉奖

以下要讲的案例，是一家公司对传承回馈的重视。我们的一位作者曾经有机会参与一家公司的国际评选活动。这家公司有超过30000名员工，公司开展这项活动的目的就是为了强调员工技能发展的重要性，凸显那些为他人的职业发展做出重要贡献的员工的作用，不管他的角色是导师还是普通的同事。平均5000名员工中大约有一位员工会被授予杰出个人发展起源奖，评奖标准程序如下：

奖励技术全面发展的个人；

鼓励多样发展风格，从独特的地域文化中汲取精髓；

选拔过程客观公正，保证每位员工的参与权利；

候选人由员工提名产生，审查与评选团队由人气导师和国际教练组成。

起源奖已经成功颁发了十多年，其间有过细微的改进和调整。最近，起源奖演变成为卓越领袖奥林巴斯奖，该奖将继续肯定推进员工职业成功的领导行为，表彰那些在各方面对他人发展产生积极影响的领导者。

奥林匹克运动员的训练模式

加拿大奥委会的一项研究显示，教练－运动员关系并不仅限于体育领域，它在各行各业都可以适用。佩妮·沃斯纳（Penny Werthner）是一名奥林匹克运动员，她指出要想制造奥运冠军，教练必须重视以下五个重要方面：

根据对方的特点和兴趣制订培养计划。致力于发现每个人的优点，而不是去弥补缺陷。考察他们的兴奋点和兴趣点到底是什么？他们喜欢什么样的奖励？喜欢什么样的挑战？

注：更多信息与测试，请参考拉思（Rath）的《发现你的优势》（*Strengths Finder*，2007）。

从出生到工作，我们花费太多时间弥补缺陷，而不是去寻找优势。

——汤姆·拉思（Tom Rath，2007）

建立信任与尊重的关系。这是成功开展合作的基础，也被认为是“赢得奥运奖牌，创造个人卓越表现的最关键因素”。表示出愿意聆听一切分享的意愿，建立诚实、双向的沟通模式。不要担心显露出弱点，做真实的自己。乐意与其他必要人员共同承担教练的职责。在员工需要，自己却可能不太擅长的领域引入专业人才，发挥专业教练的优势。

观察对方的工作情况。他们是否和一些对自己有帮助的重要运动员有交流沟通？他们是否知道自己的动力所在和激发方式？他的发展目标和日常工作能够允许什么样的工作内容、环境变动以及其他变量存在？积极帮助打造一个通向成功的有利环境。

扫清成功路上的阻碍。作为教练，你的工作就是为培养对方的核心技能扫清障碍。表示出提供适当资源的意愿对对方来说也是一种支持。或许你无权直接给予，但可以让他人代为传递。

为对方可能存在的盲区提供参照视野。站得高才能看得远，这是句简简单单的真理。教练的一项重要工作是通过良好的信息交流拓展对方的视野：帮助对方以崭新并且更加全面的视角审视自身，这样他们就会发现新的方案或战略。这才是货真价实的发展进步。

从运动员身上得到的最后一点启示是：在体育、舞蹈以及戏剧领域，教练通常非常苛刻，但他们从来不会丧失对对方的信任。在加拿大奥委会的研究中，他们发现对员工、运动员以及表演者的高度期望，对他们能力的全力挑战，能使其得到最大限度的发挥，这些是他们成长发展的关键所在。

当你总是关注对方的缺点时，他们就会对自己的能力丧失自信。但如果你专注于他们的努力和成功的话，他们的自信心就会不断增强。此外，研究者们发现点滴的成绩越早被关注，日后取得的成就也会越大。

——汤姆·拉思（2015）

指导与训练的结合需要借助反思型的教学方式，也可以称之为认知训练（cognitive coaching）。有观点认为最有经验的教授或老师都是认知型教练，我们对此做了具体研究。认知训练的思维认同和行为方式能否让教授和老师的作用更为有效呢？古彻大学的校长何塞·博文（Jose Bowen）认为的确如此。他指出，最好的老师很像是健身教练，他们都会鼓励并引导学生实现自己的目标。

我们正处于由教向学、由讲台上的智者向身边的引导者的转型之中。我们现在对大脑运行以及学习方式更为了解。正如特里·道尔（Terry Doyle）所说，“工作就是学习”（Doyle，2011）。所以教师不能代替学生去学习，受训者、学生或者学员必须自己去做这些事。健身教练也不能替你训练，只有你去身体力行。

下面这个故事，是我们一位作者在读研究生时期与她的论文指导老师托马斯林·卡西的一段经历：

教育领域的认知训练与指导

传承回馈

研究生生涯的第一年非常难熬。来到一个新学校，身边全是新同学（他们或许就是你的奖学金竞争对手）、新老师（或许得等到你成为老师时才能得到他们的认可）。幸运如我——我的研究生一年级读了两次！

我开始是在得克萨斯A&M大学读的博士，但在读一年级时我的导师调到了其他州任职。因为系里没有和我研究方向相关的教授，所以我转学到北卡罗来纳大学教堂山分校，在那里我又重新读了一次一年级。这一次，我希望能够找到一位能从始至终指导我的导师，除此之外，我希望他能成为我学习的榜样，能为我提供建设性的意见，支持我的个人与专业发展——一位具有催化领导能力的有价值的导师。

当汤姆·卡西穿着老爹牛仔裤，上身是褪色的T恤，腰上系着一条编织腰带，迈着闲散的步子走进统计学课的教室时，我还不确定这个人是否就是我期望的那种导师。

如果研究生生涯让人心惊胆战的话，那么统计学课和上课老师就完全可以用恐怖来形容了！但汤姆的课堂总是深入浅出，他还懂得用幽默化解紧张的气氛，缓和大家的畏惧心态。

比如在一次统计学课堂上，汤姆给我们讲述了他女儿的故事，他的女儿简当时正在上小学。他告诉我们“不要被统计学吓到，也不要让它成为政治学专业学习的障碍。我的女儿简无论什么时候向她的朋友介绍我，都会说‘这是我爸爸，他是一位Doctor！’但她很快会解释，‘但不是帮助别人的那种。’大家听到她的解释都开怀大笑”。如果汤姆没那么严肃的话，我们也不会过于拘束。他与我们建立了轻松的朋友关系，他会为我们着想，作为一位值得信赖的导师，他总会第一时间给予我们支持与帮助。

汤姆·卡西或许不是像医生那种自发想到帮助别人的人，但作为一位教授，他的付出远远大于所得。

在高等教育行业，不发表论文就意味着出局。对大学教师来说，对自身研究成果的投入远远大于对同事或学生生活的关注，这种现象非常普遍。很少有人会一反常态把自己的精力、才智和心血投入到同事、研究生以及整个院系上去。

像我这样的政治系学生是十分幸运的。我们都非常清楚政治系的教授有多古板。而卡西博士是极少数愿意关心他人而非一味埋头于自身工作的教授之一。他在课堂上把自身所学与研究成果积极传授给我们，并且会支持帮助别人的研究发展。

克里斯汀·加勒特（Kristin Garrett）如今是惠顿大学的副教授，当回忆起当年师从卡西的学习经历，反思有什么能够回馈给自己的学生时，她迅速指出了以下三点：（个人访谈，2017）

1. 成为团队的一份子，以他人的利益为重；
2. 在自身领域追求并实现卓越的同时，你仍可以兼及他人；
3. 传承回馈，鼓励和指导下一代学生，帮助他们迎接挑战——因为我的导师就是这样对我的。

当被问及为什么要花费这么多时间和精力去指导研究生时，卡西回答："我为我的所有学生感到骄傲。在印第安纳大学读研究生时，我的导师总是尽心竭力地对我进行指导，在专业学习与培养中为我提供意见。我不过是在传承与回馈。"

小　结

正如培根和沃斯在《适应式培训：提升客户表现的技巧与实践》一书中所说，“要想培训有效，必须学会适应……找到周而复始的正确起点，之后根据情况灵活做出调整……记住，客户对自己有更明晰的认知，他们更清楚自己能做到哪些力所能及的改变，知道自己的极限所在……要鼓励他们勇敢开启自己的旅程。”（p. 137）

为了对培训或指导对象有更全面的了解，你必须搁置自己的教学习惯，先做一位提问的好手。你是否还记得电视剧里的科伦坡警探？他有一套独特的提问方式，能够直截了当抓住事情的本质。

要有科伦坡那样的好奇心，问一问：

- 事情是怎么进行的？
- 你觉得他们会这样做吗？我非常好奇为什么他们会这样？他们的动机是什么？
- 为什么你倾向于这种而不是那种方法？
- 请为我解释一下。（这句话以及下面一句会比直接问为什么更好，因为这两种说法听上去不像是在质疑或者评价对方。）
- 我不太清楚，或者，我不太明白为什么是这样的（情况），请讲得更明白一些。
- 请解释一下，或者，更深入地谈一下（这件事或这个问题）。

虽然并不是所有的催化能力都需要其他能力的辅助，但是指导能力确是如此的。想要使指导能力发挥最大作用，必须具备我们之前介绍的 10 项能力，其中情感沟通和激发信任这两项能力其实是有效指导关系的先前预告（Chun et al. , 2010）。

花点时间反思一下自己的行为：

- 是否就交流互动的基本原则建立了共识？
- 是否对目标与结果建立了共识？
- 是否尝试去解决对方的问题，或者是否引导对方去从自身寻找答案？
- 是否会恰到好处地向团队成员推荐对方？
- 是否会练习高超的提问技巧？
- 是否曾鼓励对方尝试新方法，做出新举动？是否能够确定新举措对团队或组织会产生有力影响或者波纹效应？
- 是否为进步而喝彩？

12
提供创意

定　　义：为处理问题、实现目标提供价值创意。

反向行为：顽固不化，死守传统方法，反对尝试新创意，拒绝改变。

掌握催化能力

汉克（Hank）是我们的一位受访者，他是公司里最优秀的职员，或者按他们的行业来说，他是最具价值的工程师：在职业生涯早期，汉克就具备了多项催化能力。团队的领导想让汉克加入他们的项目。在新的团队中，汉克积极与每个人建立融洽关系，他了解并且专注于团队的全局目标，并且展示出了雄厚的技术知识水平。在处理问题上，汉克始终具有强大好奇心与想象力（个人访谈，2017）。

虽然汉克在这家建筑公司工作只有四年，公司里能够从事项目工作的工程师有几十个，但他却是团队里最受欢迎的推进型人员。他手上最近的一个项目是在一个人流密集、十分显眼的十字路口建一个银行分行，项目需要进行实地勘察，然后制定建筑规划。实用性与交通问题是摆在团队面前的最大挑战。利用最新的实时动态定位技术，汉克将工期有效缩短了15%，为客户提供了近乎完美的解决方案。方案的创新性以及工程完成速度使汉克为整个公司所瞩目，当然客户对此也非常满意。

项目经理们在员工大会上为汉克打破了头，他们都想让汉克来自己的团队。原因何在？因为汉克能够为团队带来最大效益。不仅因为他与大家的合作很愉快，还由于虽然他资历尚浅，创意点子却层出不穷，能够为复杂问题的处理提供参考方案。很少有人像汉克这样坦率，他毫不掩饰自己的好奇心和追求新创意的热情。这种好奇心源于汉克强大的优秀基础实力，汉克毕业于国内顶尖大学的工程技术培养专业，又在一些知名企业实习过。

在我们对汉克以及他的团队经理的采访中，他们都认为大家的青睐有加并没有使汉克滋生松懈或骄傲情绪。团队中有那么多经验更丰富的工程师，为什么项目经理们会对这样一个毛头小子大动干戈呢？我们发现其首要原因是汉克具有采用新鲜视角观察事物的能力——他能够提出新的创意，极大地激发大家的兴趣。这个年轻人不仅具有我们上面所提及的11项个人与团队能力，还能够超越自身能力和经验的局限，为行业中的许多常规问题注入创新理念。这个年轻人无所畏惧，毫不掩饰对一切事物的好奇心。他喜欢这样提问："我们为什么这样做呢？""我不这样认为，我们能不能换种角度来看这个问题？""这个问题可能有点蠢，但无论如何我还是想问……"

汉克是如何做到这么早就能在职业生涯中充分发挥想象力和创意呢？

当我们与汉克谈到他取得的成绩时，汉克本人非常谦逊。他把这种近乎企业明星的效应归功于自己的一些重要经历以及发展机遇。汉克的家庭背景使他掌握了处理各种问题的基本手段。汉克的家人自己做点生意，家里面的每个人都非常能干，几乎所有事情他们都自己来做，无论遇到什么问题他们都自己解决。汉克的父母一直都很重视他的想法和好奇心。汉克几次被家乡推选为市长顾问团的学生成员。在其中他接触到了一些实际性的问题，并且认识到了及时寻求有效解决方案的必要性。

早期这些催化能力的培养显然对这位职场新人很有帮助，汉克最终在一群老将中间赢得了一席之地。他是在职业早期发挥催化作用的出色案例。

激发创意

你是否思考过，自己是在什么情况下想到哪些最具创造力和影响力的点子的？你的工作环境允许自由主动地开发创意吗？你和自己的同事们是如何相互支持，勇敢探索挑战和机遇的？

我们来看一看著名研究者、作家克雷·克里斯坦森的观点。他认为创意通常不会产生于单一的个人或机制之中，而是在素不相识的个体互动中产生，在前所未有的合作项目中迸发出来的。

创意可以反映出完成任务、提供服务以及生活的方式——创意就是推陈出新。市场往往决定一切。创新常被认为是创造性的破坏，但你也可以把它看作是创造性的建构——发现/发明并且应用新的方式，或通过新方式来实现目标，或把这种方式提供给他人。伟大的催化者总是能够灵活变通——他们的创造性意见会随着重大突破而不断改进。

克里斯坦森的颠覆式创新理念发展成为一个探讨消费者如何推动创新的更为综合性的观点，他称之为任务理论（jobs theory）。其原理出奇简单，创新者关注潜在客户职业的一些基础层面，即他们在特定环境下是如何努力实现进步的。克里斯坦森秉持的唯一理念是可以把公司的福利资源重塑为客户的“租借品”，或者客户可以根据兴趣需要利用公司的资源实现进步。这样就有助于把关注点放在创新工作的目的，而不是客户身上。

任务理论主要把产品转化为服务。

——克里斯坦森，2016

克里斯坦森对这一模式进行了更为深入的探索：“客户购买或使用某项产品或服务的原因是什么？”比如，安吉星（Onstar）就是把一些实用特性整合发展成为了一套汽车集成通信系统，但在研发人员决定定义客户职业以确保他们能够安心驾驶时，安吉星才做到真正的飞跃。另一个例子是宜家。宜家从来不设定任何目标群体，而是让顾客选择宜家来“帮助我布置房间”（Christensen，2016）。

在工作间隙休息时，员工们一般会喝些饮料来调动情绪或者放松精神。如果休息期间能有机会和朋友聊聊天，喝什么样的饮料都会很有效。对很多人来说，Facebook 已经成了大家的工作休息室。这种创新模式改变了 Facebook 用户人群的社交互动方式。

任务理论主要是将产品转换成了服务。“重要的不是靠产品把你们捆绑在一起，而是靠经验去帮助客户实现理想发展。”克里斯坦森这样说。为了培养创新思维方式，他建议去发现任务，而不是在积极寻求新创意的过程中去创造任务。对创新者来说，当各种需求汇集到一起时，就总会有创新服务或者任务的可能。比如 Open Table（美国网上订餐平台）会利用实际座位变化来兼顾顾客用餐与餐厅选择的需求。CVS（美国老牌药品零售商）的步入式诊所的服务或工作经验被广为借鉴，CVS 主要针对的是需要迅速、有效地处理一些日常疾病尤其是儿童疾病的家庭。

克里斯坦森发现了一些成功的企业，他们已经采用了这种方法。在最为成功的案例中，很多企业正是因完成客户任务需求而得到了品牌认同。诸如 Intuit、Match. com、Keurig、Disney 以及 FedEx 都是如此。

创新有很多种形式。不用顾忌那些细枝末节的差异，变革的节奏越快，就越需要有更多的想法和创意随时涌现。

创新途径的三重模式

历史中的变革可以让我们深入考察那些有效的推进者是如何产生突破性或变革性想法的。我们来迅速地回顾一下。

15 世纪印刷机的发明源于三项相互关联的因素和一种综合性思维模式：价格不太昂贵并且制作方便的印刷材料（方法需求），专业技术与已有知识的结合，以及创新技术的试验与测试。

这种创新变革的三重模式变奏（对实现必要性的认知，加上对前沿知识、外部观察、已有技术或倾向的结合，再加上新的试验和应用方法的出现）在历史上反复显影。

这种创新模式曾经出现在电灯、电报、电子计算机、个人电脑、手机、运动分析仪，以及马友友和丝绸之路乐团的音乐创作等很多发明创造中。这种模式与催化型团队结合的一个现代前沿性案例是玛瑙太阳能公司（美国太阳能技术开发商）和光伏玻璃的开发。

光伏透明玻璃技术可以有效地把光转化为电，使绝缘玻璃面板能够应用于新型或者现有的建筑设计中——如天窗、常规窗户、窗墙——无须在屋顶安装太阳能面板，并且能够迅速得到投入回报。玛瑙太阳能公司是这一行业的领头羊。他们的创意源于对实用创新理念的不断挖掘以及研发的持续投入。玛瑙公司的催化动力通常来源于他们的“智囊团”，这个智囊团为了应对绿色能源的挑战，会持续不断地开发和提出新的解决方案。公司网站（http：//www. onyx-solar. com/wisemen. html，2017）解释这个催化团队“在建筑光伏一体化解决方案中集合了研究、设计、开发各种力量”。智囊团中既有建筑师、工程师，也有科学家，他们专注于：

- 支持全球绿色建筑市场的拓展；
- 为世界范围内的行业专家创造和提供更多的绿色建筑资源；
- 增加项目和公司技术水平，协助市场更快发展。

玛瑙公司的创新发展过程与历史上那些突破性的变革异曲同工。创新三重模式包括：

1. 认识到对成本效益的需求，无须（建筑需求）太阳能面板（市场吸引力需求）；
2. 将已经掌握的成熟的多功能技术与现有知识进行结合；
3. 应用现有科技水平，研发新技术。

玛瑙公司的“智囊团”使他们能够有效应用跨学科理念，跨越功能障碍。通过整合观点，引入外部视角，并提出对其他领域成熟技术的整合或应用方法，这支团队给予玛瑙公司更为强大的催化创新能力，进而开发了一些能够推进并保持市场竞争力的前沿产品。

负责颠覆性工作的团队规模要足够小，用不了两张比萨就能喂饱。

——斯科特·安东尼（2011）

智囊团

催化者开发创意的一种方式是把不同领域的专家集合在一起，整合想法，以应对当前和新出现的挑战。在这方面，玛瑙公司的模式值得所有团队学习。在开放性头脑风暴过程中，同时在一个拥有不同领域的专业知识、观点、视野及想法，并且专注于突破创新的人才团队中，才会产生闪耀的催化火花。它们可能是一些有实力铸造成功的重大创意，也可能是在一些基础上的渐进式变革——有时成为持续性变革。这两种方式都可以转化成不同的方式，进而提升催化表现。

创意实践：怎么做才能激发创意

创意理念是如何产生的呢？创意不只发生在那些灵光一闪的时刻。灵感的发生往往源于一系列的身体和心理感应，主要包括以下这些方面。

结合其他专业知识是产生创意的关键

与人接触，尤其是与拥有不同知识背景或思维方式的人接触往往是产生新思想的有效方式。这特别像是一个自由拓展思想和见解的纯粹集思广益的过程。像托马斯·爱迪生那样的天才，他们的大部分思想和新发明也绝不是一个人躲在实验室里创造出来的。爱迪生身边有一个由科学家和工程师组成的团队。他们正是通过专业知识的互动与融合才创造出了像轧棉机和电影放映机那样的发明（Hughes，2014）。开放思想、融合各种观点和视野以寻求应对挑战的团队通常比孤军作战更擅于开发创新解决方案。

与外界沟通/非工作状态可以打开新世界

思考周围世界时发散思维能够产生一些意想不到的精神联系。暴露在外界刺激中从表面上看可能对你想要处理的问题无能为力，但也可能突然获得一些灵感。比如从忙碌的蚁冢中可能会产生关于团队合作、交流性及建设性的想法。再如水听器可以激发音乐家谱写出一篇关于蓝鲸的海底交流的新乐曲。

将经验与现有知识相结合

知识本身只是开发创意方案的起点。必须要把知识与历史和当前经验相结合。苹果公司的创始人史蒂夫·乔布斯毫无疑问是我们这个时代的巨人。他曾说过："创造力就是把事情联系在一起。当你问那些具有创造力的人他们是如何做到的时，他们会觉得有些不好意思，因为他们并没有去创造，而只是发现。"在实际的实践活动中，他们发现了一些事情，进而把他们与自身的经历或经验相结合。乔布斯接下来解释说，他们"能够把自身经验与新事物相结合。能够这样做的原因仅仅是因为他们比别人经验更丰富。"更为丰富的经验可以引入更多的知识，并且产生创造联系的能力，进而能够推进开发创意方案。

熟悉发展趋势

新潮流不断涌现。一些转瞬即逝，其他的则一跃而起，即使不是永久性的，也使数年间的商业和竞争格局发生改变。范式一旦变化，就警告催化者也要随之做出转变。如果墨守成规的话，他们的心血就会受损，未来蓝图也会灰飞烟灭。在艺术领域，披头士乐队就是一个极好的例子，他们关注音乐和政治发展，也会注意乐队听众的习惯和喜好。披头士不仅紧跟时代浪潮，还会通过创造性的专辑、歌词和旋律来帮助塑造潮流。他们是最早一批发现合成音乐的趋势并且不断进行试验的音乐人。他们引领潮流，从早期歌曲中的流行音乐风格转为社会意识的记录者，通过创作的旋律和歌词与时代的反文化浪潮产生了共鸣。披头士不仅与听众一起改变，而且总是领先一步。

> 强大的新思想通常来源于对旧观念、旧方案或者老办法的整合，在过程中淬炼出新的思想和技术进步。有时这些新思想会颠覆整个行业。

自满很危险

对既有的创新骄傲自满是很危险的。警醒的催化者会避开这样的陷阱，帮助他们的企业或团队始终占据领先地位。达特茅斯大学商学院教授维贾伊·戈文达拉杨（Vijay Govindarajan）是《创新的另一面》（*The Other Side of Innovation*）的作者之一，他指出“成功的企业容易落入‘三种陷阱’……这些陷阱会使昔日的辉煌转瞬即逝。第一种是有形陷阱，对旧系统或老设备的大量投入阻碍了更新、更具相关性的投资；还有一个是心理陷阱，公司领导者容易把目光局限有利于个人的成功，却忽视了一些新鲜事物正在取代自身；第三种是战略陷阱，指公司只关注当前市场，而忽视了对未来的预期”

（Newman，2010）。

催化者会帮助企业避开这些陷阱，并且摆脱一些根深蒂固的模式、自满或懒惰情绪以及过时的思维方式。他们通过不断建立联系来做到这一点——与他人的专业知识、外界情况、既有知识和经验以及新事物或新趋势保持联系——把它们作为发展新思想，推进未来成功的跳板。

培养个人开发创意方案的能力

正如托马斯·查莫罗-普雷姆兹克（Tomas Chamorro - Premuzic）在《人才错觉》（*The Talent Delusion*，2017）一书中所说，已经有相对明确的标准，能够预测哪些人能够生产出新的创意。他坚持认为总有一些人与众不同，他们更有可能提出新颖且有效的想法。不考虑专业特长、工作头衔以及职业背景的话，创新型个体会重复呈现出一系列的心理特征及行为。创新人才能够更好地发现问题（不是解决问题），他们充满激情、心思细腻敏感，最重要的是，他们总是如饥似渴：乐于接受新经验，不墨守成规，充满好奇心。托马斯印证了100多项研究发现的成果，这些研究表明，与智商、学校表现或者动机相比，个性特征是创造性潜能的更有力决定因素。

然而，想要创新，单凭创造力是不够的：创新还需要对一种理念进行发展、创造和完善。正如我们在前文所提到的，创造力是发现和培养创意的能力；创新是对创意的部署行动。以下是托马斯指出的一些关键特征：

1. 投机性思维有助于他们发现市场缺口；

2. 主动性和高持久度使他们能够对发现的机会进行开发利用；

3. 适度谨慎。与很多人的想法相反，成功的创新者行事谨慎、有章法，并且会认真权衡风险；

4. 社会资本。持续的创新者倾向于利用自身关系网来调动资源，建立强大的内部与外部同盟。

这四项特征是必要的，但还不够充分。没有以下这些附加因素，就不可能产生创意和创新型实践：对企业使命的热情以及对更为长远的团队成功愿景。作为团队中极具影响力的催化者，你不仅要具有创造性、投机性或主动性，而且需要具有推动他人把创意付诸实践（即创新）的能力。

在团队中培养的文化氛围可以确保自身即使经历了辉煌的成功，也仍然能够保持创造力，而不会在顺利实施新创意时落入自满的陷阱，催化者的角色就是带着好奇心去刺探、挤压现有的工作，进而获得改进的机会。简言之，仅凭一个具有突破性的想法是无济于事的——重要的是能够产生尽可能多的想法，并且寻找恰当时机以拓展思路，进而满怀动力和决心把想法付诸行动，最终实现有价值的目标。想法不会带来成功——成功靠的是其他方式。

小　结

在本章开头的案例中，年轻的工程师汉克是一位很受项目团队欢迎的催化者。本书前十一章中所表述的大部分能力在他身上都有所体现。此外，汉克还是一位创造性的思考者。他为团队注入了一种强大的好奇心，从而能够激发团队的创造力。你是否像汉克一样，是一位备受欢迎的催化型团队成员？

催化者关注发展趋势，对自身经历、知识基础、价值观以及对铸造全新发展前景的热情有清晰的认识。他们会不断寻求与具有各种经历和知识背景的人群广泛进行沟通和思想交流，能够将问题与一些独立的类似问题发现联系起来，并且会在当前各种挑战之间建立联结。他们会不断寻求新的体验，特别在休息时间，他们会发散思维，天马行空，做出各种联系设想。他们会记录自己的观察和想法，不断进行审视，寻找联系，以期得出创造性的结论。

畅销书作家、思想领袖加里·哈默尔（Gary Hamel）认为："创新源于内心——源于改善周围生活的热情。"从本质上来讲，催化者必须怀有热情，想要通过自身的创造力、独创性和努力做出重大改变，造福他人的生活。哈默尔进而指出："最好的创新——在社会与经济两方面——源于对崇高而永恒的理想的追求：快乐、智慧、美丽、真理、平等、团结、可持续性以及爱。这些是我们生活的目的，而真正有意义的创新是那些能够改善生活的创新。这就是为什么说创新的本质是为了让世界更加美好。"

催化者所追求的崇高目标与提升同事、团队和组织的表现相关。他们寻求积极改变，对生活做出有价值的改善——并且会动员身边其他人也这样做。无论身居何职，是团队成员、个体贡献者抑或经理，也无论来自何位，他们都会努力这样做。

催化型领导者源于自身，并通过4项基石中的12种能力得以外化呈现：

- 建立诚信是实现创意的必要条件。提议者首先需要被大家信任，这样才能进行明确的沟通，交换利益和目标设想，团结他人，或者激发大家的乐观信念与热情。

- 创造凝聚力必须要通过建立牢固的人际关系、同事情谊、情感联系以及对团队目标高于个人利益的跟踪记录。
- 激发动力需要激励他人在行动时牢记使命，更新升级个人技能，不断实现进步，并且当别人的专业与当下任务最为契合时服从他人领导。
- 增强影响力是通过追求卓越，指导训练他人，以及提出创意方案以应对大大小小的战术和战略挑战而实现的。

花点时间反思一下自己的行为：

- 是否在日常活动中以不同方式激发思维——通过体育锻炼、智力刺激以及音乐等？是否与身边环境建立深入联系，并且积极开拓打破思维边界的新领域？
- 是否会设想成功的蓝图？在脑海中绘制一幅成功的蓝图，设想一下创造性地解决问题或者实现目标的成功会是什么样子。让这幅蓝图尽可能生动一些。想象一旦实现，大家会做些什么，会有什么样的感受。把这种不可思议的成功生动描述出来，然后确立实现成功的步骤。“如果非常成功会怎样呢？”请尽情想象。
- 是否会深化和拓展自身的知识与行为能力？在自身行业领域中，一方面深入探讨新的课题，另一方面不断提升专业知识水平。思考既有知识与当下学习内容的联系，进而探索二者的结合如何才能产生应对挑战的全新创意。
- 是否具有热切的好奇心？保持好奇心。通过对各种独立行业或领域的广泛考察，在外界周边寻找可行性。像这样提问：

"为什么你建议这样做，而不是那样做？这样做的好处是什么？会有什么样的陷阱？你犯过什么样的错误？你从中吸取了什么教训？"

- 集思广益。是否能够把他人的专业知识和见解作为跳板？集思广益，激发出新的创意。与各类人和团队展开思考讨论，其中包括日常社交圈之外的那些人。主动组建各种能够产生创造性思想的小组。注意所有的想法，不管这些想法看上去有多疯狂或者多么不切实际。有时这些想法在本质上极具价值意义。通常它们就建立在这些想法上。对这些具有潜在价值的想法进行潜在性修正。灵活思考，并且建议别人也这样做。
- 是否会参与或组织工作构想会议？构想是一个参与制造并传达创造性思想的过程。集思广益通常是针对既有的挑战，而构想更多考虑的是未来可能性——设想未来可能。构想有时会基于现有情况，有时会是完全崭新的开始。构想更具抱负与前瞻性。

评估与发展催化能力

很多年前，亨利·明茨伯格（2005）的著作《管理者，而非 MBA》（*Managers Not MBAs*）曾经对商学院提出质疑。身处 21 世纪或许可以这样说：“催化者，而非管理者。”

——比尔·法内利

如果你希望培养催化型团队成员和领导者的必要能力，接下来要做什么呢？

正如我们在以上 12 章所指出的，可以采取一些必要行动来提升各项能力。我们建议你通过具体的步骤来深化每一项能力。可以通过以下这些措施：

1. 认识清楚哪些是需要做的；
2. 推动并全力实现改进；
3. 落实以上 12 章中所述的实践行动。

大家或许还能记起第 9 章（“领导与追随”）的开篇故事，交响乐团的副主席兼即兴戏剧演员贝丝小时候通过尝试新技能来培养外向性格与社交能力。她通过角色扮演来克服自己的羞怯，并且会尝试一些新的行为，从而大大提升了自身的沟通能力。贝丝和她的朋友知道自己想要什么，她们拥有实现目的的动力和动机，并且为了培养所需能力她们还采用了新的实践方式。

即使现在贝丝已经是一位出色的沟通者和舞台表演者，在即兴戏剧中她仍会迫使自己处于一种不太舒适的状态中，使自身能力接受考验和发展，以此来磨炼自己的舞台能力。在尝试新事物时，她让自己变得更为敏感脆弱，进而才能实现改进。

你愿意像贝丝那样，坚定又具体地致力于自身发展吗？重要的是，不仅要在某些方面做出改进，而且要把自己放在一个可以冒险的环境中，袒露自我，在尝试新的催化行为时允许自己有一两次的手足无措。

> 不要把目光放在别人的局限上，对此抱怨连天。要关注别人的特长，并且帮助他们充分利用自身的优势。
>
> ——布拉德·史蒂文斯，波士顿凯尔特人队主教练
>
> （Duckworth，2016）

当然，如果改进动力不大的话，收效也会甚微。如果一个人对团队完全漠不关心，那么把团队放在首位这样的训练对他来说就完全无济于事。

显著的个体变化或许意味着你需要一些必要的付出，这种付出可能会是一项艰苦的工作。运动心理学家詹姆斯·泰勒（James Taylor，2015）把这个节点称为磨砺（The Grit）。当为了创造有效改变而进行的必要行动变得紧张而乏味时，尤其是在向目标奋进过程中，没有产生迅速、可见的进步时，磨砺就开始了。

在磨砺阶段，你为了改变所做出的努力会非常有用。它是能否做出显著改变的分界线。在改变过程中，很多人到了这个阶段就会

松懈，或者干脆放弃，因为这个阶段实在是太难了。我们在第 10 章曾经谈到，要能够知难而进，蹈厉奋发，并在经受磨砺之后仍然保有进取心，这一点是十分重要的。如果掌握一项复杂技能需要一万个小时的刻意练习，那么要想掌握新的催化能力也需要付出一些努力才行。

信心是克服艰难困苦的回报，是成功路上的通行证。

——帕特·萨米特，田纳西大学前男篮主教练（2012）

你的催化能力如何?

以下是评估和策划方案的三个步骤，你可以测试一下自己的催化行为水平，然后确定下一步计划。

第一步：自我评估

下面（见第三步）是一些有关催化能力的描述，每一项都包含有一对描述。每对表述分别代表正反两端。请阅读以下表述，判断左右两边哪种描述最符合自己的情况。

第二步：评估打分

为了测定自己的催化能力，请将自己在表格中的得分相加。最高分可达 84 分（具有超强的催化能力），最低分可至 7 分（完全没有催化能力）。你的总得分为：________

在阅读本书的过程中，我们已经知道，催化效应的产生需要有 4

项基石：建立诚信、创造凝聚力、激发动力和增强影响力。

为了分别测定你在这四个方面的催化能力，请在以下空白处填写得分：

1. 建立诚信：第 1—3 项能力的分数总和 = _______ （≤21，≥3）

2. 创造凝聚力：第 4—6 项能力的分数总和 = _______ （≤21，≥3）

3. 激发动力：第 7—9 项能力的分数总和 = _______ （≤21，≥3）

4. 增强影响力：第 10—12 项能力的分数总和 = _______ （≤21，≥3）

从每项得分中可以发现自己在哪些方面还具有提升空间！

第三步：测定自身目前水平，明确提升各项技能的着力点

在每个章节的结尾，我们为大家提供了一些应用和发展各项能力的建议。比如在第 1 章“诚实守信，激发信任”的结尾，我们为大家列出了以下这样的行为对照表：

- 是否坚守个人价值观？
- 是否着眼于大局？
- 是否约束自我和野心？
- 是否信守约定？
- 是否诚信言行？
- 是否会迅速弥补失信行为？

我们希望大家通过对照列表中的行为，清楚自己在哪些方面做得很好，在哪些方面还有提升的空间。接下来，就可以制定提升催化能力的行动方案了。

	左边的描述完全与我相符	左边的描述大部分与我相符	左边的描述有一些与我相符	两边情况均等	右边的描述有一些与我相符	右边的描述大部分与我相符	右边的描述完全与我相符	
能力 1 我真实生活，尽己所能做事。我的行为中通常会呈现出一些能够增进信任的道德标准。	7	6	5	4	3	2	1	有时我会歪曲事实情况，让人对我产生偏见。我不会经常说出自己的想法或者呈现出真实的自我。
能力 2 有时我无法专注于对方的谈话，不能清晰表达自己的意思。	1	2	3	4	5	6	7	我会有意识地努力使自己的口头、书面表达清楚，信息简洁，认真聆听以领会对方意图。
能力 3 我会满怀信任和希望的为他人加油鼓劲，传播积极进取的精神。	7	6	5	4	3	2	1	我对新思想持批判态度，可能会无意中挫伤他人的积极性和乐观精神。

能力 4 我不太注意别人的情绪反应，也不愿去了解他们的感受。	1	2	3	4	5	6	7	我能准确识别他人的情绪表现，并会作出恰如其分的回应。
能力 5 我与他人相处自然融洽，会定期展开积极互动。	7	6	5	4	3	2	1	我经常觉得与他人进行沟通互动很困难。
能力 6 我不会竭尽全力去实现结果，有时缺少大局意识。	1	2	3	4	5	6	7	团队的成功与发展高于个人目标。为了实现团队成果，向总体目标迈进，我会竭尽所能。
能力 7 我会尽己所能去提升他人和我们整个团队的表现。	7	6	5	4	3	2	1	我通常只会关注自身成绩好坏，不关心个人对团队成功的影响，或者他人的表现如何。
能力 8 我通常会对自己目前的技术能力和知识水平感到满意，不会积极寻求改进的意见和机会。	1	2	3	4	5	6	7	我有着强烈的求知欲，会积极寻求个人和职业发展机遇。

续表

	左边的描述完全与我相符	左边的描述大部分与我相符	左边的描述有一些与我相符	两边情况均等	右边的描述有一些与我相符	右边的描述大部分与我相符	右边的描述完全与我相符	
能力 9 我了解且尊重别人的知识和技术能力，并且积极向他们学习。	7	6	5	4	3	2	1	做事我行我素，拒绝他人的建议。
能力 10 团队中很多人的知识技术水平都比我高，我不会推进他人去提升改进。	1	2	3	4	5	6	7	我拥有广泛的知识和/或能力，并且会鼓励他人发展同样的技能。
能力 11 我会做出行为表率，并且踊跃支持他人的个人和职业发展。	7	6	5	4	3	2	1	我不担心别人怎么看我，我很少与他人合作去帮助他们做出改进。
能力 12 我一般推荐传统解决方案，回避有风险的新创意。	1	2	3	4	5	6	7	为了实现目标，解决问题，我会提出一些创意新颖、有价值的想法。

让我们开始吧!

在填写以下表格时，可能你会想再去翻看一下每一章的小节。你可能想从那些得分较低的能力入手，在这些能力上你有最大的提升空间。如果你在阅读本书时，没有注意每章结尾的对照表，现在就可以花点时间去回顾一下，然后再填写下面的表格。

注意：我们以第 1 章为例为大家提供了一份样表。大家可以复制这份样表，也可以去我们的网站上下载模板：www. catalysteffect. org。这份表格有助于大家记录自己在每项能力上的行动步骤。

说　明

请参照各项能力的行动建议。在每行的选项中，如果觉得自己在这方面做得很好，就在“我现在就是这样行事”下面打钩；如果在这方面还不太擅长，就在“我可以在这方面有所完善”下面打钩。

	行为实践	我现在就是这样行事，这是我的特长	我可以在这方面有所完善	我将会这样行事以提升或改进自身能力
能力 1 诚实守信，激发信任	坚守个人价值观			
	着眼于大局			
	约束自我和野心			
	信守约定			
	诚实守信			
	迅速弥补失信行为			

注：读者可以复制此处空行，也可与以上表格分开在空白处填写标题……

在清楚自己对哪方面比较擅长，哪方面需要作出改进之后，针对每一方面制订三到四项行为措施，以此来：

1）进一步增强优势；

2）在已知方面作出改进。

将这些行为措施填在上表最右一列的空白处。大家可以在每章结尾看到一个独立的行为建议列表，在每一章的具体内容中还可以找到更多的建议，大家可以进行一些参照。

在制定催化行为方案时，我们建议大家先从一些具有可操作性的行为入手。选择那些你觉得最紧要的方面。然后可以在熟悉掌握的过程中，不断加入其他内容，并且可以参考书中的其他建议。大家可以定期回顾自己的行为活动表，把它作为行动提醒。

通过自我评估以及其他一些考察，找到自己的“三项最优势”——你可以继续强化并高效应用；以及“三项最弱势”——最需要改进的三个方面。对于最优势，需要找到它们在团队中的具体应用方式。对于最需要改进的三个方面，则要分析当前行为与期望行为之间的本质差距所在。找出自己在哪些言语及非言语行为方面进行学习或改变才能够缩小这种差距。制定切实可行的行为方案，要具体而微，不能泛泛而谈。

比如，如果你想要提升明确沟通的能力，通常会把“更加认真倾听”作为行动目标。但这个目标不太好衡量，只是一种努力行为，而不是倾听对方经历的具体行为方式和影响。更为具体的目标大概是这样的：“减少30%～50%的说话时间，开场明确，留给对方发言时间，然后总结自己听到的内容。”如果你和对方关系非常融洽的话，在对话最后可以做出这样的确认：“你觉得我领会得对吗，为什么呢？”

好运动员渴望被指导，伟大的运动员渴望听真话。

——道格·里弗斯

如何进行最佳配合：一个自我反思的案例

你是如何对团队进行催化影响的呢？你是如何向同事和团队阐释自己的领导或影响方式，让他们更为清晰地了解你的合作方式的？

我们发现很少有人能够认真干脆地回答这个问题。我们很多人都没有认真想过如何对团队产生影响，以及反过来自己更喜欢什么样的工作风格，我们很容易看到对方让人讨厌的那些行为。但比如在面试中，很少有人会做这样的自我介绍："我的工作方式可以从三个关键方面对团队产生积极影响。请允许我首先对此做出概述，如果您感兴趣的话我想举出一两个例子。"

我们鼓励大家关于如何影响和领导他人能够做出一个具有说服力的表述。下面的这些意见可能会对你有所帮助。

巴特勒大学的 MBA 学生在成为催化型领导者的第一步需要提出三个问题。在院系老师和一位指定领导力教练的支持帮助下，他们会从三个方面（认知、情感和行为）培养自己的领导与团队合作风格：

- 你如何看待领导力？你引导思维的认知模式或框架是什么？
- 你如何看待领导与合作？你是如何与他人进行自然互动的？你的生活经历是如何对此产生影响的？
- 作为一位领导者/团队成员，你的表现如何？当你在场时，别人是什么样的态度和感受？你是如何践行个人价值观的？

一种催化的视角

在下面的这个案例中，兰德里以一位渴望成长的年轻职业女性的角度对这些问题做出了解答。

在兰德里与新团队的第一次见面时，她向大家介绍了自己的工作风格以及对自身职业的认识：

我非常高兴能够成为这个团队的一员。在接下来的几个月中，期待与各位一起工作，对大家有更好的了解。在过去的一年，我身边有一个人，你们也可以称作教练或者导师，他鼓励我对自身的工作方式进行更为深入的思考。我对自己有了更好的认识，自信心和个人技能也得到了提升。

这并不是一件容易的事。在应对个人能力、差距和必要改进方面时，我经历了一些困难。但这个过程是值得的，我希望在大家的支持和帮助下，能够继续成长。

我意识到，为了使我们的团队取得最好的成绩，大家必须培养良好的工作关系。如果没有良好的工作关系，我们无法实现共赢，工作也会变得枯燥乏味，缺乏满足与乐趣。基于这种考虑，我想向大家分享自己的一些工作方式。

大家可能对我此前在公司的工作有一些了解。比如，我曾经担任过什么职位，做过哪些重要项目。从在呼叫中心的第一份工作，到最近做的提升客户服务的项目，大家可能都知道一些。但当涉及“为什么要采取这种工作方式”这样的问题时，其实大家对我并不了解，我对你们也一无所知。

当我刚刚来到这里时，我对如何在团队中有效开展工作完全是一头雾水。我对自己一点也不了解，不清楚为了能够在团队中表现出色，我应该对自己抱什么样的期望。通过大量的项目经历、团队的篮球团建活动，与男朋友的关系以及可能总体上的“发展成熟”，现在，我能够更为明确地定义自身的作用价值。我更清楚地知道自己要做什么，不要做什么。我建立起了自信，能够向大家坦然说出自己的这些想法。

- 我不是一个特别复杂的人。我有和大家一样的价值观，父母很早就教育我和兄弟姐妹们“不要说谎”，即使在一些很小的事情上，诚实是一项绝对原则。现在我的人际关系建立在同样的诚信理念和对他人的可靠表现之上。即使涉及一些潜在的敏感问题，我也喜欢与别人直接对话：“我希望能够尽早得到消息，尤其是遇到引发问题的状况，而且这个状况还可能与我的工作有关时。”“不出意外”是我的座右铭。
- 我喜欢面对面并且一对一进行沟通。所以，如果我们要谈论一些重要的事情，无论是讨论一个项目、绩效预期或是合作方式等任何事情，请尽早告诉我。在重要事项的讨论上，我一般会提前安排时间，这样就不会感觉仓促或者盲目。我的日程很忙，但很有条理。有些人可能会说我在日程安排上有些强迫症……我喜欢当面谈工作，而不是通过电话或者邮件交流。此外，正如大家所知道的，我非常喜欢去咖啡店喝咖啡（疯狂暗示）！

- 我努力秉持现实的乐观精神。我深知团队成员在成功前景上的一致性对取得成功至关重要。我更喜欢有清晰、明确的衡量指标。我会期待大家和我所参与的团队能够发挥出最佳水平，也希望大家能够对我抱有最大的期待。我会努力以杯中半满而非半空的态度看问题，发现事物的良好态势，而不是去批评指责。
- 团队第一。当我发现有人没有完全致力于我们的团队成功时，我就很难对他和他的职业道德给予尊重。我会努力使大家全力投入，重视团队和个人回报。是的，我来这里是为了实现我的个人目标，获得自身职业发展，但经验告诉我，大家实现共赢才是我最大的满足。通常我会每周工作50~60个小时。我不期望所有人都这样做，但如果项目的工期很紧的话，我的确期望我们每个人都能尽己所能。
- 我知道我在工作上投入了太多的精力。但我就是这样的人。我的篮球队队友也会调侃我抢球时太拼命。我的个人生活因为工作时间的问题会受到一点影响，但我男朋友对此很理解，我们在这方面没有问题，他来配合我的日程安排。
- 另一方面，如果我突然冒出来，想要和你论证一条新思路时，不要对此感到惊讶！我非常喜欢自由交换意见。大家可以在走廊或者任何地方拦住我，提出一些开展工作的新思路，即使在当时看来有些不可思议，我希望自己也能够这样做。

- 此外，如果我不想在工作期间被打扰，我会使用一个咖啡壶的标志表示我正在酝酿思考，意思就是此刻请不要打扰我。
- 指导和训练对我来说很重要。在我的职业生涯中，我曾经有过两位非常优秀的导师，去年还在一位职业教练那里受了几个月的培训，他们让我受益匪浅。他们为我提供了非常好的建议与回馈，鼓励我去弥补自身“差距”，制定总体改进方案，发现并且发扬自身优势。
- 比如，我发现自己是一位相当出色的日常项目领导者，在这种情况下我的自信心也得到了不断地提升。我在这里已经待了足够长的时间，在完成工作方面我可以为新员工提供咨询反馈。我保证你在私下和我讲的所有事情我都会守口如瓶。如果你问我自身工作方面的问题，或者想要知道如何改进，我一定会毫无保留地分享自己的意见。归根结底，我来到这里就是为了与大家一路欢声笑语，共同走向胜利。

我相信现在大家对我的行为动力和工作方式都有了更好地了解，也更加清楚作为同事应当对我抱有什么样的期待。我并不是一成不变的人，我对自己的认识也会不时发生变化，但我相信这不失为寻求最佳合作方式的一条路径。

我也非常期待对大家有更多的了解，所以请随时找我喝咖啡，我们可以畅所欲言！

谢谢大家！

从以上案例中，大家可以了解兰德里的领导方式以及她对自身催化能力的认识。思考一下自己在团队组织中是如何发挥领导作用的，你会对自身的工作风格和做事方式做出怎样的描述？

感谢大家与我们一起独辟蹊径，共同探索领导力的发展。你可以登录我们的网站，获取最新的催化知识、小型案例以及其他更多内容。

祝大家的催化之路一切顺利！

参考文献

A Great Place to Work (2016). *The business case for a high-trust culture.* Retrieved from https://s3.amazonaws.com/media.greatplacetowork.com/pdfs/Business+Case_Detailed+Report_Final.pdf

Abrams, L. C., Cross, R., Lesser, E., & Levin, D. (2003). Nurturing interpersonal trust in knowledge-sharing networks. *The Academy of Management Executive (1993–2005)*, *17*(4), 64–77. Retrieved from http://www.jstor.org/stable/4166007

Ackman, D. (2002). Billionaire secrets: Excellence sought — And found. *Forbes*, October 4. Retrieved from https://www.forbes.com/2002/10/04/1004excellent.html

Anthony, S. D. (2011). *The little black book of innovation: How it works, how to do it.* Boston, MA: Harvard Business Review Press.

Army Values. (n.d.). The soldier's creed. Retrieved from https://www.army.mil/values/soldiers.html

Avey, J. B., Luthans, F., & Wernsing, S. (2008). Can positive employees help positive organizational change? Impact of psychological capital and emotions on relevant attitudes and behaviors. *The Journal of Applied Behavioral Science*, *44*(1), 48–70.

Avey, J. B., Reichard, R. J., Luthans, F., & Mhatre, K. H. (2011). Meta-analysis of the impact of positive psychological capital on employee attitudes, behaviors, and performance. *Human Resource Development Quarterly*, *22*(2), 127–152.

Bachman, R. (2010). Tom Jernstedt, longtime boss of the NCAA Tournament, steps down. *The Oregonian*, August 16. Retrieved from http://www.oregonlive.com/sports/index.ssf/2010/08/tom_jernstedt_long-time_boss_of.html

Bandura, A. (1982). Self-efficacy mechanism in human agency. *American Psychologist*, *37*, 122–147.

Barney, J. B., & Hansen, M. H. (1994). Trustworthiness as a source of competitive advantage. *Strategic Management Journal*, (15), 175–190.

Barsh, J., Capozzi, M. M., & Davidson, J. (2008). Leadership and innovation. *McKinsey Quarterly*, *1*, 37–47.

Bersin, J. (2012). The new best-practices of a high-impact learning organization. *Bersin, by Deloitte*, September 4. Retrieved from http://blog.bersin.com/the-new-best-practices-of-a-high-impact-learning-organization/

Blake, R. R., & Mouton, J. S. (1994). *The managerial grid*. Houston, TX: Gulf Publishing.

Bollen, K. A., & Hoyle, R. H. (1990). Perceived cohesion: A conceptual and empirical examination. *Social Forces*, *69*(2), 479–504.

Brock, F. (n.d.). The importance of practice: Use it or lose it, *Prolificliving.com*. [Web log comment]. Retrieved from http://www.prolificliving.com/the-importance-of-practice-use-it-or-lose-it/

Bryant, A. (2016). Corner office: Tobi Lütke of shopify: Powering a team with a"Trust Battery". *The New York Times*, April 22. Retrieved from https://www.nytimes.com/2016/04/24/business/tobi-lütke-of-shopify-powering-a-team-with-a-trust-battery.html

Campbell, A. (2014). The power of optimism: 91 percent of entrepreneurs confident. *Small Business Trends, Economy*, February 24. Retrieved from https://smallbiztrends.com/2014/02/power-of-optimism-91-percent-entrepreneurs-confident.html

Chamorro-Premuzic, T. (2017). *The talent delusion: Why data, not intuition, is the key to unlocking human potential*. London: Piatkus.

Chao, G. T., Walz, P. M., & Gardner, P. D. (1992). Formal and informal mentorships: A comparison on mentoring functions and contrast with nonmentored counterparts. *Personnel Psychology*, *45*, 619–636.

Choi, C. Q. (2011). Culture: Like humans, chimps show selfless behaviors. *LiveScience*, August 8. Retrieved from https://www.livescience.com/15451-chimps-humanlike-altruism.html

Christensen, C. M. (2016). *Competing against luck: The story of innovation and customer choice*. New York, NY: Harper Collins.

Chun, J. U., Litzky, B. E., Sosik, J. J., Bechtold, D. C., & Godshalk, V. M. (2010). Emotional intelligence and trust in formal mentoring programs. *Group & Organization Management*, *35*(4), 421–455.

Clark, R. (2005). Research-tested team motivation strategies. *Performance Improvement*, *44*(1), 13–16. Retrieved from http://www.cogtech.usc.edu/publications/clark_team_motivation.pdf

Coticchia, G. (2017). "The Founder"— 6 lessons from the movie about McDonalds. [Web log comment]. *LinkedIn*, January 22. Retrieved from https://www.linkedin.com/pulse/founder6-lessons-from-movie-mcdonalds-greg-coticchia-mba-pc

Couch, G. (2010). Senior Willie Veasley, Butler's "Shane Battier", an unsung hero in Final Four run, April 1. Retrieved from http://www.mlive.com/spartans/index.ssf/2010/04/senior_willie_veasley_butlers.html

Covey, S. M. R., & Merrill, R. R. (2008). *The speed of trust: The one thing that changes everything*. New York, NY: Free Press.

Cross, R., Ehrlich, K., Dawson, R., & Helferich, J. (2008). Managing collaboration: Improving team effectiveness through a network perspective. *California Management Review*, *59*(4), 74–98.

Daft, R., & Marcic, D. (2009). *Understanding management* (6th ed.). Mason, OH: South-Western Cengage Learning.

Decety, J. (2010). The neurodevelopment of empathy in humans. *Developmental Neuroscience*, Retrieved from https://www.ncbi.nlm.nih.gov/pmc/articles/PMC3021497/

De Meuse, K. P. (2009). A comparative analysis of the Korn/Ferry T7 model with other popular team models. The Korn/Ferry Institute. Retrieved from http://www.kornferry.com/media/lominger_pdf/teamswhitepaper080409.pdf

Doyle, T. (2011). *Learner-centered teaching: Putting the research on learning into practice*. Sterling, VA: Stylus Publishing.

Duckworth, A. (2016). *Grit: The power of passion and perseverance*. New York, NY: Simon & Schuster.

Dunbar, J. P. E. (2015). Humble leadership advances team ahead of "self". *Air Force Special Operations Command, News, Commentaries*, May 1. Retrieved from http://www.afsoc.af.mil/News/Commentaries/Display/Article/587263/humble-leadership-advances-team-ahead-of-self/

Ebbinghaus, H. (1913). *Memory: A contribution to experimental psychology* (1850–1909). New York, NY: Teachers College, Columbia University.

Ericsson, K. A. (2006). The influence of experience and deliberate practice on the development of superior expert performance. In K. A. Ericsson, N. Charness, P. J. Feltovich, & R. R. Hoffman (Eds.), *The Cambridge handbook of expertise and expert performance* (pp. 683–703). New York, NY: Cambridge University Press.

Ericsson, K. A., Krampe, R. T., & Tesch-Römer, C. (1993). The role of deliberate practice in the acquisition of expert performance. *Psychological Review*, *100*(3), 363–406.

Ericsson, K. A., Prietula, M. J., & Cokely, E. T. (2007). The making of an expert. *Harvard Business Review*, *85*(7/8), 114–121.

Favale, D. (2013). Michael Jordan's unofficial guide to success in the NBA. *The Bleacher Report*, February 14. Retrieved from http://bleacherreport.com/articles/1529861-michael-jordans-unofficial-guide-to-success-in-the-nba

Feehi, A., Boateng, H., & Mensah, D. T. (2016). The effects of job satisfaction, employee commitment, workplace friendship and team culture on service recovery performance. *Management Science Letters*, 6, 713–722. Retrieved from http://www.growingscience.com/msl/Vol6/msl_2016_53.pdf

Formichelli, L. (2016). The spirit of in-house competition. *FSR Magazine*, October, Retrieved from https://www.foodnewsfeed.com/fsr/chain-restaurants/spirit-house-competition

Gallo, C. (2012). Leadership: 5 reasons why optimists make better leaders. *Forbes*, August 8. Retrieved from https://www.forbes.com/sites/carminegallo/2012/08/08/5-reasons-why-optimists-make-better-leaders/#4c3b0f1c4e07

Gallup.com. (n.d.). The Gallup Q12 Index. Retrieved from http://www.goalbusters.net/uploads/2/2/0/4/22040464/gallup_q12.pdf

Ghete, A. (2004). Southwest Airlines: From benchmarking to benchmarked. *Performance Magazine*, October 2. Retrieved from http://www.performance-magazine.org/southwest-airlines-from-benchmarking-to-benchmarked/

Goleman, D. (1995). *Emotional intelligence*. New York, NY: Bantam Books.

Goleman, D. (2013). *Focus: The hidden driver of excellence*. New York, NY: Harper Collins.

Graham, V. (2008). How to overcome arrogance. Retrieved from https://insights.inneractiveconsulting.com/how-to-overcome-arrogance/

Greenberg, M. H., & Arakawa, D. (2006). *Optimistic managers & their influence on productivity & employee engagement in a technology organization*. Retrieved from http://repository.upenn.edu/cgi/viewcontent.cgi?article=1003&context=mapp_capstone

Greenleaf, R. K. (1970). The servant as leader. [PDF document]. Retrieved from https://www.essr.net/~jafundo/mestrado_material_itgjkhnld/IV/Lideran%C3%A7as/The%20Servant%20as%20Leader.pdf

Guest, D. (2017). Emotional management: The impact of negativity on team performance. Retrieved from http://davidguest.com.au/buildingbusinesses/team/emotional-management-the-impact-of-negativity-on-team-performance/

Guzzo, R. A., & Salas, E. (1995). *Team effectiveness and decision making in organizations*. San Francisco, CA: Jossey-Bass.

Hallowell, E. M. (2015). *Driven to distraction at work: How to focus and be more productive*. Boston, MA: Harvard Business Review Press.

Hamel, G. (n.d.). *The heart of innovation*. [Web log comment]. Retrieved from http://www.garyhamel.com/blog/heart-innovation

Handfield, D., Lunder, K., Renner, J., Ryder, A. (Producers), & Hancock, J. L. (Director). (2016). *The Founder* [Motion Picture]. United States: FilmNation Entertainment, The Combine, Faliro House Productions.

Hanson, B. (n.d.). Coach athlete relationships matter (Canadian Olympic Study). *Athlete Assessments*. Retrieved from http://athleteassessments.com/COACH-ATHLETE-RELATIONSHIPS-OLYMPIC-STUDY/

Harvard Business Review. (2004). *Coaching and mentoring: How to develop top talent and achieve higher performance*. Boston, MA: Harvard Business School Publishing.

Hein, J. F. (n.d.). The Butler way. *American Outlook*. Retrieved from http://www.americanoutlook.org/the-butler-way.html

Hill, L., & Lineback, K. (2011). The fundamental purpose of a team. *Harvard Business Review*. Retrieved from https://hbr.org/2011/07/the-fundamental-purpose-of-you.html

Hogg, M. A. (1992). *The social psychology of group cohesiveness*. New York, NY: New York University Press.

Hughes, V. (2014). Where do new ideas come from. *Phenomina: A Science Salon*, June 18. Retrieved from http://phenomena.nationalgeographic.com/2014/06/18/where-do-new-ideas-come-from/

Investopedia. (n.d.). 5 businesses that started during a recession. Retrieved from http://www.investopedia.com/slide-show/recession-businesses/?article=1

Janis, I. L. (1972). *Victims of Groupthink: A psychological study of foreign-policy decisions and fiascoes*. New York, NY: Houghton Mifflin Company.

Janis, I. L. (2014). *Crucial decisions: Leadership in policymaking and crisis management*. New York, NY: The Free Press.

Kelley, R. E. (1988). Leadership: In praise of followers. *Harvard Business Review*, November. Retrieved from https://hbr.org/1988/11/in-praise-of-followers

Kouzes, J. M., & Posner, B. Z. (2011). *Credibility: How leaders gain and lose it, why people demand it*. San Francisco, CA: Jossey-Bass.

Lee, J., & Ok, C. (2011). Effects of workplace friendship on employee job satisfaction, organizational citizenship behavior, turnover intention, absenteeism, and task performance, January. Paper presented at UMass Amherst Graduate Student Research Conference in Hospitality and Tourism, Amherst, MA. Retrieved from http://scholarworks.umass.edu/cgi/viewcontent.cgi?article=1053&context=gradconf_hospitality

Leib, J. (2010). Southwest Airlines hustles to reduce turnaround times. *The Denver Post*, September 25. Retrieved from http://www.denverpost.com/2010/09/25/southwest-airlines-hustles-to-reduce-turn-around-times/

Leichman, A. K. (2016). How to build an emergency field hospital in 12 hours. *Israel 21c: Uncovering Israel*, April 6. Retrieved from https://www.israel21c.org/how-to-build-an-emergency-field-hospital-in-12-hours/

Leinbach-Reyhle, N. (2014). Shedding hierarchy: Could Zappos be setting an innovative trend? *Forbes*, July 15. Retrieved from https://www.forbes.com/sites/nicoleleinbachreyhle/2014/07/15/shedding-hierarchy-could-zappos-be-setting-an-innvoative-trend/#2af58e1c26f4

Lewis, M. (2009). The no-stats All-Star. *The New York Times Magazine*, February 13. Retrieved from http://www.nytimes.com/2009/02/15/magazine/15Battier-t.html?mcubz=0

Lieberman, P. (1994). *Uniquely human: The evolution of speech, thought and selfless behavior* (3rd ed.). Cambridge, MA: Harvard University Press.

Luthans, F., Avey, J. B., Avolio, B. J., & Peterson, S. J. (2010). The development and resulting performance impact of positive psychological capital. *Human Resource Development Quarterly*, 22(1), 41–67.

Luthans, R., Youssef, C. M., & Avolio, B. J. (2007). *Psychological capital: Developing the human competitive edge*. Oxford: Oxford University Press.

Management Mentors. (n.d.). The differences between coaching and mentoring. Retrieved from http://www.management-mentors.com/resources/coaching-mentoring-differences

Mankins, M. (2013). Organizational culture: The defining elements of a winning culture. *Harvard Business Review*, December 19. Retrieved from https://hbr.org/2013/12/the-definitive-elements-of-a-winning-culture

Mankins, M., & Garton, E. (2017). Managing organizations: How spotify balances employee autonomy and accountability. *Harvard Business Review*, February 9. Retrieved from https://hbr.org/2017/02/how-spotify-balances-employee-autonomy-and-accountability

Mayer, R., Davis, J., & Schoorman, F. (1995). An integrative model of organizational trust. *The Academy of Management Review*, *20*(3), 709–734. Retrieved from http://www.jstor.org/stable/258792

McCauley, C. D., & Douglas, C. A. (2004). Developmental relationships. In C. D. McCauley & V. E. Van Velsor (Eds.), *Center for creative leadership handbook of leadership development*. Chichester, Jossey-Bass.

McClelland, D. C. (1953). *The achievement motive*. New York, NY: Appleton-Century-Crofts.

McCord, P. (2014). Human resource management: How Netflix reinvented HR. *Harvard Business Review*. Retrieved from https://hbr.org/2014/01/how-netflix-reinvented-hr

Mehlenbacher, B. (2002). *Communication disasters* [web page]. Lessons Online Web site. Retrieved from http://www4.ncsu.edu/~brad_m/teaching/eng%20331/Lessons/communication.html

Mintzberg, H. (2005). *Managers not MBAs: A hard look at the soft practice of managing and management development*. Oakland, CA: Berrett-Koehler Publishers.

Molnau, D. (2017). High-performance teams: Understanding team cohesiveness. *SixSigma*. Retrieved from https://www.isixsigma.com/implementation/teams/high-performance-teams-understanding-team-cohesiveness/

Murre, J. M. J., & Dros, J. (2015). Replication and analysis of Ebbinghaus' forgetting curve. *PLoS One*, *10*(7), e0120644. Retrieved from https://www.ncbi.nlm.nih.gov/pmc/articles/PMC4492928/

NASCAR.com. (2015). The anatomy of a pit stop. January 5. Retrieved from http://www.nascar.com/en_us/monster-energy-nascar-cup-series/nascar-nation/nascar-edu/nascar-basic/pit-stop.html

Neville, M. (Director). (2015). *The Music of Strangers* [Motion Picture]. United States of America: Tremolo Productions in association with Participant Media.

Newman, R. (2010). Money: 10 great companies that lost their edge. *U.S. News and World Report*, August 19. Retrieved from https://money.usnews.com/money/blogs/flowchart/2010/08/19/10-great-companies-that-lost-their-edge

Okasha, S. (2013). Biological altruism. In E. N. Zalta (Ed.). *The Stanford encyclopedia of philosophy*. Retrieved from https://plato.stanford.edu/archives/fall2013/entries/altruism-biological/

Onyx Solar. (n.d.a). Photovoltaic glass for buildings. Retrieved from http://www.onyxsolar.com/

Onyx Solar. (n.d.b). Committee of wise people. Retrieved from http://www.onyxsolar.com/wise-people-committee.html

Partners in Performance Excellence, Catalyst for Success. (n.d.). Baldrige framework and value system. Retrieved from http://partnerspex.org/pipex/baldrige_framework.ashx

PCA Development Zone®, Resource Center. (n.d.). Brad Stevens: sports can teach kids the world is bigger than they are [Video File].Retrieved from http://devzone.positivecoach.org/resource/video/brad-stevenssports-can-teach-kids-world-bigger-they-are

Peale, N. V. (2003). *The power of positive thinking*. New York, NY: Touchstone.

Pervez, M. A. (2010). Impact of emotions on employee's job performance: An evidence from organizations of Pakistan. *International Journal of Sustainable Development*, *1*(5), 11–16.

Peters, T., & Waterman, R. (1982). *In search of excellence: Lessons from America's best-run companies* (1st ed.). New York, NY: Harper & Row.

Polya, G. (1973). *How to solve it: A new aspect of mathematical method* (2nd ed.). Princeton, NJ: Princeton University Press.

Popik, B. (2012). Getting good players is easy: getting them to play together is the hard part, November 29. [Web log comment]. Retrieved from http://www.barrypopik.com/index.php/new_york_city/entry/getting_good_players_is_easy_getting_them_to_play_together_is_the_hard_part

Powell, C. (2002). *The leadership secrets of Colin Powell*. New York, NY: McGraw-Hill Education.

Powell, M. (2017). The Golden State Warriors are simply too great. *New York Times*, June 5. Retrieved from https://www.nytimes.com/2017/06/05/sports/basketball/warriors-cavaliers-nba-finals-kevin-durant.html

Rath, T. (2007). *Strengths finder 2.0*. New York, NY: Gallup Press.

Rath, T. (2015). *Are you fully charged? The 3 keys to energizing your work and life*. California, SA: Silicon Guild.

Ross, J. A. (2005). Team camaraderie: Can you have too much? *Harvard Management, Update*, *10*(11), 3–4.

Sacramento State. (n.d.). Statement of human rights principles. Retrieved from http://www.csus.edu/indiv/m/merlinos/enron.html

Salas, E., DiazGranados, D., Klein, C., Burke, C. S., Stagl, K. C., Goodwin, G. F., … Halpin, S. M. (2008). Does team training improve team performance? A meta-analysis. *Human Factors: The Journal of the Human Factors and Ergonomics Society*, *50*(6), 903–933. Retrieved from http://journals.sagepub.com/doi/abs/10.1518/001872008X375009

Salas, E., Rozell, D., Mullen, B., & Driskell, J. E. (1999). The effect of team building on performance: An integration. *Small Group Research*, *30*, 309–329.

Senge, P. M. (2006). *The fifth discipline: The art & practice of the learning Organization*. New York, NY: Doubleday.

Servant Leadership Institute. (n.d.). What is servant leadership. Retrieved from https://www.servantleadershipinstitute.com/what-is-servantleadership-1/

Smallwood, N., & Ulrich, D. (2004). Accounting: Capitalizing on capabilities. *Harvard Business Review*, June. Retrieved from https://hbr.org/2004/06/capitalizing-on-capabilities

Smith, A. (1776). *An inquiry into the nature and causes of the wealth of nations (1723–1790)*. London: W. Strahan and T. Cadell.

Sterling, K. [sterling8513]. (2010). *Ronald Nored interview* [Video File], October 13. Retrieved from https://www.youtube.com/watch?v=ipDrWnj4YFY

Strauss, K. (2016). Leadership: Top companies most beloved by their employees in 2016. *Forbes*, May 10. Retrieved from https://www.forbes.com/sites/karstenstrauss/2016/05/10/top-companies-most-beloved-by-their-employees-in-2016/#6b4915e1358b

Taylor, J. (2013). Build a high-performing sports team culture. *Psychology Today*, July 29. Retrieved from https://www.psychologytoday.com/blog/the-power-prime/201307/build-positive-and-high-performing-sports-team-culture

Taylor, J. (2015). You won't find athletic success without"The Grind." *HuffPost, The Blog*, September 16. Retrieved from http://www.huffington-post.com/dr-jim-taylor/you-wont-find-athletic-su_b_8147666.html

Team Builders Plus. (n.d.). Accountability a sticky subject for teams. Retrieved from http://teambuildersplus.com/articles/accountability-stickysub-ject-for-teams

The Engineer. (2006). The Space Shuttle Challenger disaster. Retrieved from https://www.engineering.com/Library/ArticlesPage/tabid/85/ArticleID/170/The-Space-Shuttle-Challenger-Disaster.aspx

"The *Space Shuttle Challenger disaster:a study in organizational ethics."* (n.d.). [PDF document]. Retrieved from https://www.google.com/url?sa=t&rct=j&q=&esrc=s&source=web&cd=1&cad=rja&uact=8&ved=0ahUKEwjVtse49PTVAhXmwlQKHaCGBoIQFggoMAA&url=http%3A%2F%2Fpirate.shu.edu%2F~mckenndo%2Fpdfs%2FThe%2520Space%2520Shuttle%2520Challenger%2520Disaster.pdf&usg=AFQjCNGpfVu3yAD2dthN6X4uUZYL4nRo_A

Thompson, S., & McKelvy, E. (2007). Shared vision, team learning, and professional learning communities. *Middle Ground*, *10*(3), 12–14. Retrieved from http://files.eric.ed.gov/fulltext/ED497108.pdf

Walker, S. (2017). *The captain class: The hidden force that creates the world's greatest teams*. New York, NY: Random House.

Warner, F. (2002). Inside Intel's mentoring movement. *Fast Company*, March 31. Retrieved from https://www.fastcompany.com/44814/inside-intels-mentoring-movement

Weinberg, F. J., & Lankau, M. J. (2011). Formal mentoring programs: A mentor-centric and longitudinal analysis. *Journal of Management*, *37*(6), 1527–1557.

Wharton@Work, Executive Education, Leadership. (2012). Lead better by knowing when to follow, September. Retrieved from https://executiveeduca-tion.wharton.upenn.edu/thought-leadership/wharton-at-work/2012/09/know-when-to-follow

Wolf, G. (1996). Business: Steve Jobs: The next insanely great thing. *Wired*, February 1. Retrieved from https://www.wired.com/1996/02/jobs-2/

Young, J. R. (2017). Stop calling college teachers "Professors." try "Cognitive Coaches", says Goucher President. *EdSurge*, June 28. Retrieved from https://www.edsurge.com/news/2017-06-28-stop-calling-college-teachers-professors-try-cognitive-coaches-says-goucher-president

Yu, C. (2014). Life: Mindfulness for athletes: The secret to better performance? [Web log comment]. *Daily Burn*, June 10. Retrieved from http://dailyburn.com/life/fitness/mindfulness-techniques-athletes/

作者介绍

作为有着 30 多年经验的人力资源主管、教育学家和心理学家，杰瑞·图默博士（Dr. Jerry Toomer）与世界范围内的许多个人和团队都开展过合作，帮助他们在复杂的企业组织中实现职业与个人目标。他曾负责陶氏杜邦公司在美国和亚洲（香港）的全球人力资源团队工作。作为巴特勒大学的兼职教授和执行合伙人，他积极参与了大学 MBA 项目中的领导力课程和领导力测评工具的开发。他拥有沃特伯格学院的心理学学士学位以及爱荷华大学的咨询心理学博士学位。杰瑞·图默博士还具有心理咨询师认证，这是该领域的最高资格认证。此外，他也是行业领域内非常活跃的研究者和作者。

克雷格·考德威尔博士（Dr. Craig Caldwell）主要致力于为企业制定战略方针，落实战略实施方案，打造企业文化以及制定企业发展变革路径。2007 年，克雷格开始担任巴特勒大学莱西商学院管理专业的助理教授。目前他是负责研究生与专业课程的副院长。克雷格·考德威尔博士主要教授 MBA 课程以及战略发展、领导力和企业变革方面的本科生课程。他曾获得六次教学奖、两次咨询奖。克雷格此前还曾任学院年度评估委员会委员及市场管理系主任，其研究论文见于《商业与社会》《领导力与组织研究》《监察、商业与社会评论》《管理会计季刊》以及《企业公民》等期刊。他拥有匹兹堡大学的博士学位，弗吉尼亚理工大学的工商管理硕士学位和安德森大学的学士学位。

史蒂夫·韦岑科恩博士（Dr. Steve Weitzenkorn）致力于帮助个人与组织实现预期，他拥有人类学习与组织行为学的博士学位。史蒂夫有着 25 年以上的组织与战略顾问经验，他主要为跨国公司、本土企业、教育机构和非营利组织制定面向未来的务实方针战略，助力其发展成功。此外，史蒂夫·韦岑科恩博士在教学设计与学习创新方面有着丰富的经验，他的体验和发现式学习项目在创新性和有效性方面得到了国际认可。他是史蒂芬·柯维的畅销书《信任的速度》中高度参与模拟的主策划人。他的另一项训练项目获得了汉高全球人力资源卓越奖。此外，史蒂夫还曾荣获拜厄姆培训技术创新优秀奖。

切尔西·克拉克博士（Dr. Chelsea Clark）是切尔西·克拉克咨询公司的创始人及总裁。该公司是一家位于印第安纳波利斯市卡梅尔地区的关系研究公司。其业务主要是帮助公司、非营利组织及学术领导者实现研究方面的目标，解决复杂的社会科学问题。切尔西还是印第安纳大学礼来家族慈善学校的研究助理。她主要负责学校的高净值慈善、慷慨生活项目及人类需求指数项目的研究工作。切尔西·克拉克拥有北卡罗来纳大学教堂山分校的政治心理学博士学位。

致　谢

每本书背后都有一个故事。有灵感的迸发，个人的体验，以及与他人分享认识并最终诉诸笔端的强烈愿望。

我们对这方面的研究和这本书的灵感源于对“非数据的全明星”的关注。作为一名运动员以及最终的团队执行者，肖恩·巴蒂尔（Shane Battier）在场上时能够使身边的队友表现得更加出色。我们对此十分好奇。如果将这种专业和领导观念延伸至体育界之外的其他领域，又会收到什么样的答案呢？

“有些人一旦走进赛场、会议室，或者登上舞台，就能使周围的人表现更加出色。你认识这样的人吗？如果认识，你知道他们做了些什么吗？请尽可能详细描述。”

我们在体育、商业和艺术领域做了80余组访谈，这些访谈内容可以相互验证，并且存在某种程度的一致性。我们从这些基本材料中发现了4项基石和12种能力，它们可以从这些访谈内容中得到验证，并且二者具有一致性。

我们个人或曾是体育团队的一员、或参加过合唱团或合奏团，或作为团队成员广泛参与过各项工作和志愿者服务，这些个人经历也验证了催化理念的有效性。每个人都能举出团队因某位催化型成员而更加出色的例子。在收集材料时，我们也看到了很多关于领导力的文章和著作，他们大多是从正式领导者的角度着手的：在如何从团队内部而非高层进行领导方面，则需要做更多的探索研究。

我们还对巴特勒大学的团队合作与领导方式进行了深入探讨，这种所谓的“巴特勒方法”（The Butler Way）与我们在实际研究中所发现的基石和能力是完全一致的。

因此，伴随着思想的火花、源自个人经历的热切以及与他人分享的渴望，我们开始了为期几年的实地研究与写作。

布拉德·史蒂文斯（Brad Stevens）是巴特勒大学男子篮球队的教练，他是最初给予我们鼓励和支持的人。他早期对“催化”理念的赞同是促成之后采访工作的关键。同时，他在繁忙工作之余仍对我们给予了一以贯之的建议与支持，使我们的工作得以锦上添花。印第安纳波利斯交响乐团（Indianapolis Symphony Orchestra）的贝丝·珀杜·奥特兰（Beth Perdue Outland）为我们的早期研究以及现场采访的问题设计提供了创造性意见，并促成了我们对 ISO 工作人员以及乐团成员的采访。李·迪克里奇（Lee Dicklitch）是巴特勒大学的 MBA 研究生，同时也是印地赛车领域的领导者，他在整个项目的运行发展及写作成书中起了至为重要的作用。他对我们研究、采访以及网络创意的积极支持和参与，使我们不胜荣幸。

最为重要的是，我们找到了一位优秀的策划编辑。珍妮·格拉瑟·莱文（Jeanne Glasser Levine）是作者们理想的合作伙伴。她积极参与到我们的工作中来，对催化效应的理念怀有极大的热情。其资深的出版经验为我们最后一年的写作工作提供了方向。同时，她的写作能力以及轻松的工作风格使她面对我们四位作者时既能有效推进工作，又能合理坚持原则。

——杰瑞、克雷格、史蒂夫及切尔西

我的生活中的两条道路在这本书里汇聚在了一起。第一条与我高中和大学时的运动员经历有关，当时我在强队和弱队中都打过球。一些球队非常卖力，但却很少取得成功。还有一些球队秉持低调、专业并且愉快享受的风格，经常能够参与冠军的争夺。从皮特大学博士毕业后，我开始在巴特勒大学工作，巴特勒大学男子篮球队的势头正猛，在与一些名校的对抗中取得了震撼性的胜利。他们竟然能够屡屡战胜那些看似更强的球队，也使我对运气和偶然的认识由此得到改观。

差不多也在这个时候，我开始教授领导力的课程。在我的早期执教生涯中，我会采用一些顶级 CEO 的领导案例，这在之前和现在都是正常的教学实践。但是，我慢慢发现这些 MBA 学生在接下来的五到十年内根本没有机会应用到我所教授的东西。

早年我对体育行业的组织性成功问题有一些困惑，当杰瑞·图默和我对《纽约时报》上一篇关于肖恩·巴蒂尔的文章进行探讨时，我还不知道我会从中获得这些问题的潜在答案，并且还会找到一种对我的 MBA 学生来说更为相关也更加有用的领导方式，也就是催化型领导方式。

对我个人而言，催化型领导方式可以为团队和组织提供成功的必备因素。对 28 岁的 MBA 学生来说，他能够获得有效的领导方法，虽然没有作为 CEO 的特权，但他仍然能对自己的团队产生影响。

我要感谢对这个项目始终如一的支持者——布拉德·史蒂文斯。感谢他的建议和友谊。布拉德离开巴特勒大学后，去了波士顿凯尔特人队执教，我向他做了道别和感谢，当时真的没想到还会有更多的联系。他是一个极有原则的人，并且作为 NBA 教练的事务繁忙，但他仍然为我抽出了时间。

我要向我的父母卡尔和卡洛琳致以由衷的感谢。这些年虽然在学校努力工作，但在学术上庸庸碌碌，是他们对我始终保有耐心。感谢我的孩子们（玛雅、塔莉娅和埃琳娜），在这本著作成书的最后一年，牺牲了很多本该陪伴他们的时间。好的一面是这本书使我们在共同探讨意见时，有了很多的对话机会。

最后也最重要的，是妻子戴安娜对我坚定不移的支持、肯定和爱。戴安娜和我不一样，她是一个超级乐观、充满希望并且积极向上的人。她的这些品质以及我所目睹的极为高效的做事风格，改变了我对优秀者的行为方式与完成能力的看法。

——克雷格·考德威尔

非常感谢我的妻子邦妮·卡宾在这个项目中以及其他所有时间给予我的关爱、支持与鼓励。没有这些年从那些优秀的同事、老师、顾问、朋友和客户那里学习的经验，就没有我现在努力的成果。他们中的很多人都是行业中的佼佼者，大多数都曾慷慨地向我传授过智慧与经验，帮助我去学习、成长，使我可以尽己所能去帮助他人和他们的团队实现更大的成功。他们丰富了我的生活与事业，在此向他们致以由衷的感谢。

——史蒂夫·威特考恩

这本书的出版是整个团队努力的结果！

首先我要感谢杰瑞·图默博士和克雷格·考德威尔博士邀请我加入这个项目，我开始是担任研究助理，后来共同参与了本书的写作。如果最初没有他们对“非数据的全明星”理念的关注，我就不会有机会对领导力和团队合作概念有如此深入的研究。此外，衷心感谢我的论文导师汤姆·卡西博士，他教会我如何做一个优秀的研究者和一个好人——一个感恩图报，懂得传承回馈的人。多亏了我的丈夫菲利普——他一直是我做这个项目的支持和动力来源。感谢他的父母，我的公公婆婆，他们对我的研究表现出浓厚的兴趣，并在整个过程中不断鼓励我。感谢我的父母，他们相信我决定的事就一定能做到，并且一直鼓励我追逐自己的梦想。最为重要的，我要感谢主和救主耶稣基督，他们创造了我，并赐予了我独特的天赋与才能，使我能为我们的研究团队和这个项目的目标服务。

——切尔西·克拉克

感谢琳达、克里斯和旺达·图默多年来对我的工作和事业给予的一贯支持和关爱。

感谢这些年来许多仁人志士的鼓励与投入：核心导师，教练、乐队指挥、同事以及聪慧过人的学生们，当然，还有 80 多位受访者。没有他们，就没有这本书的构思与完成。

除了以上提到的人，还有本书案例及插图的贡献者，他们也是本书的推进者，感谢你们每一个人！

大卫·阿姆斯特朗
肖恩·巴蒂尔
阿兰·鲍尔斯
贝瑞·科利耶
安妮特·库伦柏
桑迪普·达斯
贝蒂·艾里森
比尔·法内利
珍妮特·吉赛尔曼
卡尔·赫克
琳达·哈伊杜克
奥斯汀·赫斯廷斯
汤姆·热奈斯特德
斯蒂芬妮·贾奇
丽莎·芮瑟
琼·斯科特
马特·泰纳
吉姆·索恩

——杰瑞·图默

索　引

（以英文首字母排序）

D

F

K

L

M

Y

Z